Águila de Blasón

Clásica
Teatro

RAMÓN DEL VALLE-INCLÁN

ÁGUILA DE BLASÓN

COMEDIAS BÁRBARAS II

Edición de Ricardo Doménech

AUSTRAL

ESPASA

El papel utilizado para la impresión de este libro es cien por cien libre de cloro y está calificado como **papel ecológico**.

Paseo de Recoletos, 4. 28001 Madrid (España)
www.espasa.com
www.planetadelibros.com

Diseño de la colección: Compañía
Primera edición: 28-XII-1946
Décima cuarta edición:
Primera en esta presentación: febrero de 2013

Depósito legal: B. 694-2013
ISBN: 978-84-670-1886-8
Impreso y encuadernado en Barcelona por: blackprint A CPI COMPANY
Printed in Spain - Impreso en España

Biografía

Ramón del Valle-Inclán (Villanueva de Arosa, 1866 - Santiago de Compostela, 1936) fue novelista, poeta y autor dramático, además de cuentista, ensayista y periodista. Inicia estudios universitarios, pero no termina la carrera de Derecho, ya que muy pronto se decanta por la literatura. Tras pasar una temporada en Madrid, marcha a México, donde escribe para la prensa y, sobre todo, conoce y asimila el Modernismo. Vuelve a Madrid y se incorpora a la vida cultural y bohemia de la ciudad. Provocativo y extravagante, su estilo literario evolucionó desde un exuberante modernismo y un maduro expresionismo hasta sus peculiares composiciones esperpénticas. De entre sus obras destacan *Sonata de primavera*, *de estío*, *de otoño* y *de invierno*, que suponen la culminación del Modernismo español; *Águila de Blasón*, la primera de sus llamadas comedias bárbaras; *La lámpara maravillosa*, resumen de su estética y ética; *La cabeza del dragón*, y *Luces de Bohemia*.

ÍNDICE

ÁGUILA DE BLASÓN

INTRODUCCIÓN

FORTUNA DE *ÁGUILA DE BLASÓN*

Según el desarrollo de la acción dramática, AGUILA DE BLASÓN es la segunda parte de la trilogía de las *Comedias Bárbaras*[1]. Pero es la primera que se publicó. En 1906 y casi todo 1907, aparecieron en periódicos y revistas numerosos anticipos, en forma de fragmentos independientes e incluso en un folletín de *Nueva España,* y a finales de 1907 salió ya el libro, llevando el subtítulo de «Comedia Bárbara» (con el que el autor había titulado uno de los primeros fragmentos aislados). Para el análisis crítico de la trilogía, esta anterioridad hace que ÁGUILA DE BLASÓN sea un obligado punto de partida a la hora de afrontar determinadas cuestiones: el problema del género, la génesis de la trilogía como tal, la evolución estilística, etc.

En 1906, en 1907, ¿qué significa ese subtítulo? ¿Es ÁGUILA DE BLASÓN, verdaderamente, una comedia? ¿Lo son *Romance de Lobos* y *Cara de Plata?* Y, de otro lado, ¿qué debemos entender por *bárbara?*

Parece fuera de duda que estas obras no son comedias, si juzgamos la comedia como el género opuesto a la tragedia y al

---

[1] Sobre los aspectos generales de las *Comedias Bárbaras,* véase nuestra Introducción a *Cara de Plata,* en esta misma colección.

drama. Pero advirtamos en seguida que en los Siglos de Oro el término adquirió una significación muy amplia, designando cualquier clase de obra teatral. Aunque Valle-Inclán no era muy entusiasta del Barroco —en sus devociones artísticas, prefería el Renacimiento y la Edad Media—, bien pudo haber aceptado este, digamos, préstamo. Semejante interpretación resulta válida; y más aún si tenemos en cuenta que Valle-Inclán utiliza en la mayoría de sus creaciones dramáticas una expresión muy peculiar de Lope y su escuela: *jornada,* en vez de *acto.*

Simultáneamente, cabe otra interpretación (no contradictoria, sino complementaria) que algunos valleinclanistas han propuesto [2], y que se asocia a la *Comedia humana,* de Balzac. De acuerdo con ello, Valle-Inclán estaría planteándose una andadura semejante a la de Balzac, con la misma idea de un gran conjunto integrado por ciclos, repetición de personajes de unas ficciones a otras, etc. Sí, el recuerdo de la *Comedia humana* es oportuno, pero siempre que se matice en seguida que, estilísticamente, Balzac y Valle-Inclán son dos escritores dispares, incluso antagónicos: tanto como lo son el Naturalismo y el Simbolismo.

Una tercera observación se puede formular a propósito de este problema. Valle-Inclán toma de la tradición literaria una palabra prestigiosa, de registros varios, y lo hace... porque sí, porque le gusta, y porque cree que va a darle otro aliento, un aliento inesperado, al margen de Lope, de Balzac, etc. Con su elección, además, nos revela una búsqueda: la búsqueda de un nuevo género, de un nuevo teatro. Repárese en cómo subtituló las obras próximas, afines a las *Comedias Bárbaras: Divinas Palabras* («tragicomedia de aldea») y *El Embrujado* («tragedia de tierras de Salnés»..., pero en una primera edición, en folletín de *El Mundo,* «comedia bárbara». Hemos de ver en todo ello, tanteos, vacilaciones..., repito: búsqueda.

---

[2] Cfr. María del Carmen Porrúa (1983), págs. 40-42.

Fijémonos ahora en el adjetivo *bárbaro.* Leda Schiavo ha dedicado un inteligente artículo a esta cuestión, mostrando cómo vino a extenderse el adjetivo a lo largo de una época literaria. El recorrido que hace la investigadora ya desde las *Poésies barbares* (1862), de Leconte de Lis, o de las *Prosas bárbaras* (1903), de Eça de Queiroz, hasta Rubén Darío (por ejemplo, «Epitalamio bárbaro» en *Prosas profanas)* y otros muchos. Aunque abarcando diferentes connotaciones —negativas, en un principio; positivas, después—, el adjetivo se incorporaría con todo derecho al vocabulario modernista, decantándose finalmente en el sentido que utiliza Valle-Inclán: *bárbaro* como sinónimo de primitivo, fuerte, violento, noble, espontáneo, sencillo, puro... Una significación que le acerca al pensamiento de Swinburne, de Sade y de Nietzche [3].

El proceso creativo de ÁGUILA DE BLASÓN —obra que va a generar la trilogía misma— ha ofrecido particular interés a los valleinclanistas. Lavaud, que lo ha estudiado con rigor, ha establecido un completo itinerario de los fragmentos independientes: de los «pre-textos», como él los llama [4]. Es como sigue: Águila de Blassón» *(El Imparcial,* 28 de mayo de 1906), «Comedia Bárbara» *(El Imparcial,* 18 de junio de 1906), «Jornada Antigua» *(El Imparcial,* 2 de julio de 1906), «Lis de Plata» *(El Imparcial,* 16 de julio de 1906), «Un Bautizo» *(La Correspondencia Gallega,* 27 de septiembre de 1906), «Gavilán de Espada» *(Por Esos Mundos,* septiembre de 1906) y «Tragicomedia» *(El Imparcial,* 11 de marzo de 1907).

A estos fragmentos hay que agregar el localizado por Javier Serrano: «Águila de Blasón. Epílogo», en *El Liberal* (11 de marzo de 1907). Nótese, por otra parte, que algunos de tales anticipos aparecen, simultáneamente, en publicaciones de Galicia: *El Diario de Pontevedra* y *Gaceta de Galicia,* además de *La Correspondencia Gallega.*

---

3 Leda Schiavo (1988). Esto último, en págs. 198-200.

4 Jean-Marie Lavaud (1992), págs. 191-268. Véase también J. Serrano (1990).

Nos encontramos, por fin, con la «novela en cinco jornadas», titulada ÁGUILA DE BLASÓN, que publica en folletín *España Nueva,* entre el 17 de septiembre y el 30 de diciembre de 1906. Es ya *esta* obra, aunque con el subtítulo de «novela», que seguramente no obedece a otro motivo que el de facilitar la publicación por entregas. Es ya esta obra, decimos, pero todavía sin la forma acabada que tendrá en la edición en libro, a finales de 1907. Lavaud ha destacado, pacientemente, las variantes que hay entre los «pre-textos» y el folletín. Son muchas, muchísimas. Como lo son las que hay entre el folletín y la edición en libro. Lo cual, por cierto, no es una excepción en Valle-Inclán: sucede igual en el proceso creativo de otras obras suyas, tanto novelas como dramas; bien que el de ÁGUILA DE BLASÓN sea de los más llamativos en este punto. Habitualmente, Valle-Inclán publica estos anticipos en la prensa (como folletín o como fragmentos independientes), no sólo antes de publicar el libro, sino antes de terminar de escribirlo, e incluso de concebirlo por entero. La principal razón que explica tal cosa es de orden crematístico, puesto que Valle sólo vivía de —y para— la literatura.

Después de la edición de ÁGUILA DE BLASÓN en libro, en 1907, la «comedia» queda acabada, ciertamente, pero no tanto como para que podamos hablar de un texto definitivo. Otras dos ediciones en vida del autor (la de 1915 y la de 1922) traerán variantes, cambios a veces pequeños, pero significativos. Todo ello supone comprobar de nuevo ese afán perfeccionista que acompañó a Valle-Inclán siempre, y que es hoy un estímulo para tantos y tantos valleinclanistas que vienen batallando con las dificultades textuales de su literatura.

Preguntémonos ya por la presencia de ÁGUILA DE BLASÓN en los escenarios. En primer término, es obligado recordar los dos espectáculos que, recientemente, se han hecho de la trilogía completa:

1.º El dirigido por José Carlos Plaza, con dramaturgia de Vicente Molina Foix, vestuario de Pedro Moreno y música de Mariano Díaz, en el Teatro María Guerrero (Centro Dramático Nacional), el 8 de mayo de 1991. Fueron principales intérpretes: José Luis Pellicena, Berta Riaza, José Pedro Carrión, Amparo Pascual y Toní Cantó.

2.º El dirigido por Jorge Lavelli, versión francesa de Armando Llamas, escenografía de Graciela Galán y música de Carmelo Bernaola, en el Festival de Avignon, el 9 de julio de 1991. (Posteriormente, en el Teatro de la Colina de París, y en el Festival de Tardor de Barcelona). Fueron principales intérpretes: Michel Aumont, María Casares, Isabelle Karajan y Jean Quentin Clatelain.

Pero ÁGUILA DE BLASÓN, aisladamente, ha subido a los escenarios en varias ocasiones. En primer lugar, debemos referirnos a un estreno hasta hace poco tiempo olvidado: el que ofreció la compañía de Francisco García Ortega, en el Teatro Eldorado de Barcelona, el 2 de marzo de 1907 [5]. Las críticas fueron en su mayoría desfavorables, y sólo se dieron dos representaciones más. Sí: un fracaso. Iglesias lo explica, advirtiendo que ni el público ni la crítica de 1907 en España podían conectar con una forma y un lenguaje tan renovadores como los de ÁGUILA DE BLASÓN en aquel momento.

Cipriano Rivas Cherif, de manera ocasional, alude a un estreno de ÁGUILA DE BLASÓN en Buenos Aires, por la compañía de Francisco Fuentes [6]. Situándonos ya en el comienzo de la década de los sesenta, hagamos constar en estas páginas, asimismo, el montaje de ÁGUILA DE BLASÓN presentado por el TEU de Derecho de la Universidad de Madrid... Pero el espectáculo en el que hay que reconocer el verdadero estreno de ÁGUILA DE BLASÓN es el que dirige Adolfo Marsillach en el Teatro Nacional María Guerrero de Madrid, el 14 de abril de 1966. Los bocetos y figurines fueron de Manuel Mampaso, e interpretaron los principales personajes Antonio Casas, Nuria

---

[5] Cfr. Luis Iglesias Feijoo (1991). En apéndice se reproducen las críticas de prensa.

[6] En su artículo «El teatro en mi tiempo y mi tiempo en el teatro», recogido en *Tiempo de Historia,* núm. 51, febrero de 1979.

Torray, Maruchi Fresno, José María Prada, Gemma Cuervo, Charo Soriano y Fernando Guillén.

Pese a los condicionamientos de la censura franquista y del entorno oficial en que el espectáculo se producía (los «Teatros Nacionales, dependientes del Ministerio de Información y Turismo), condicionamientos más que evidentes en la supresión de alguna que otra frase un poco detonante, de alguna que otra escena escandalosa (por ejemplo, la famosísima escena 7.ª de la jornada II, en que Pichona y Cara de Plata hacen el amor, mientras Don Farruquillo intenta descarnar un cadáver), lo cierto es que Marsillach se esforzó en mostrar el lado grotesco, preesperpéntico, de esta *comedia bárbara.* Y de que en buena medida lo había conseguido dieron prueba no sólo los elogios de una gran parte de las críticas, sino las objeciones de algunas de ellas. Al decir esto último, pienso especialmente en la reseña de Carlos Luis Álvarez en *ABC.* Álvarez arremetió contra Valle-Inclán, y terminó su crítica con estas palabras, que hicieron época: «El teatro de Valle-Inclán está muerto, muerto y muerto» [7]. Convicción que el periodista, con su frecuente pseudónimo de *Cándido,* reafirmaría unas semanas más tarde en otro artículo [8].

Como si de una provocación se tratase —y quizá lo era—, las reacciones frente a la crítica de Álvarez no se hicieron esperar. En algunas revistas, en coloquios de facultades o de colegios mayores, en tertulias privadas, la citada frase necrológica fue puesta en la picota. Entre las varias réplicas, vale la pena recordar un artículo de José Monleón, titulado: «Dicen que está muerto Valle-Inclán» [9]. Tras una ardiente defensa de Valle-Inclán, el crítico escribía: «¿Muerto Valle? El esperpento continúa. Los muertos aún entierran a los vivos». Por nuestra parte, nos referimos colateralmente a los dos artículos

---

[7] Carlos Luis Álvarez, «En el María Guerrero se presentó *Águila de blasón,* de Valle-Inclán», *ABC,* 15 de abril de 1966.

[8] *Cándido,* «Elocuencia», *ABC,* 1 de mayo de 1966.

[9] *Triunfo,* 30 de abril de 1966.

de *Cándido* en un trabajo publicado en *Cuadernos Hispanoamericanos* [10].

PRIMERA LECTURA

ÁGUILA DE BLASÓN se divide en cinco jornadas. El tiempo es impreciso: entre tres y cuatro semanas. Hay una diversidad de escenario: interiores que corresponden a la casona de Don Juan Manuel en Viana del Prior (además de una iglesia, del molino de Pedro Rey, de la burata de Pichona y de una casa labriega), exteriores como las calles de Viana, un viejo camino aldeano, un paraje a orillas del río o el cementerio. La acción dramática se estructura en dos grandes líneas argumentales. De un lado, el enfrentamiento de Don Juan Manuel con sus hijos, especialmente con Don Pedrito, el primogénito. De otro, la vida amorosa de Don Juan Manuel, que nos permitirá ver en escena a tres figuras femeninas de rasgos muy acusados, en extremo diferentes: Doña María, Sabelita y Liberata la Blanca.

El enfrentamiento de Don Juan Manuel con sus hijos se nos presenta en varios episodios. El primero de ellos, y que en cierto modo empujará la acción de toda la obra, es el asalto de unos ladrones a la casa (I, 3.ª, 4.ª y 5.ª). Se trata de la banda de Juan Quinto, con la que va un enmascarado, que es —lo sabremos más tarde— Don Pedrito, instigador del plan. Don Juan Manuel da pruebas de su valentía consiguiendo herir a uno de los agresores —a Don Pedrito— y poniéndolos en fuga a todos, aunque también él resulta herido. El «linajudo» —como a veces le llama el autor en las acotaciones— cree haber re-

---

10 «Para una visión actual del teatro de los esperpentos», *Cuadernos Hispanoamericanos,* núms. 199-200, julio-agosto de 1966, pág. 455. Añado que todos estos datos pertenecen a la pequeña historia del teatro español de aquella época, y, como es lógico, van aquí sin ningún ánimo discutidor. Además, transcurrido cierto tiempo, *Cándido* tuvo la elegancia de matizar —y creo que en parte rectificar— aquella provocación suya de 1966.

conocido al primogénito, y supone que los demás hijos —o algunos de ellos— estaban entre los asaltantes. Y en sendas escenas con dos criados de su confianza, Don Galán y Micaela la Roja, se explaya en sus cavilaciones y aflicciones de padre doblemente herido. El consejo de Don Galán, aunque rechazado de momento por Don Juan Manuel, anticipa lo que ocurrirá en *Romance de Lobos,* y hace visible ya la huella de *El rey Lear,* que tan destacada será en la tercera parte en la trilogía. Don Galán aconseja «repartirles la facienda, para que nos dejen morir en santa paz» (II, 2.ª). En su conversación con la Roja, Don Juan Manuel —a quien hemos contemplado «pensativo, con una lágrima en el fondo de sus ojos cavados»— hará esta confesión, que es a la vez el testimonio del final de una época:

> ¡Todos desean mi muerte, y mis hijos los primeros! Esos malvados que engendré para mi afrenta convertirán en una cueva de ladrones esta casa de mis abuelos. ¡Conmigo se va el último caballero de mi sangre, y contigo, la lealtad de los viejos criados! (II, 3.ª).

El asalto a la casa, como *motivo* dramático, reaparece en varias escenas posteriores. Por ejemplo, la del Alguacil y el Escribano con el protagonista (III, 2.ª). El Alguacil y el Escribano pretenden tomar declaración a Don Juan Manuel y averiguar si reconoció a alguno de los asaltantes. (Por supuesto, en Viana todo el mundo sabe que fue la gavilla de Juan Quinto con Don Pedrito: y los coros lo comentan y lo condenan desde su conciencia, popular, comunal, en II, 5.ª, y en II, 6.ª). Don Juan Manuel los echa a la calle con cajas destempladas: él se basta y sobra para escarmentar a los culpables; y además... no va a denunciar a ninguno de sus hijos. Igualmente, la llegada de Doña María (II, 7.ª) tiene relación, en su origen, con aquel hecho luctuoso, si bien su presencia habrá de concatenarse después con otras acciones. Doña María, que vive separada de Don Juan Manuel, en el pazo de Flavia-Longa, se ha enterado de lo ocurrido y ha venido con el propósito de reconciliar al padre con los hijos, y de que aquél consienta en que éstos —retirándose ella a un convento— reciban la herencia que les corresponda por parte materna. Ni siquiera llega a proponerlo, al comprobar la actitud airada, la furia de Don Juan Manuel contra los hijos. Habrán de producirse nuevos —y espantosos— sucesos para que él mismo tome una decisión de este tipo en *Romance de Lobos.*

Otro episodio destacado en el enfrentamiento padre-hijos es la violación de Liberata la Blanca por Don Pedrito (II, 4.ª); acción que debemos considerar, primordialmente, como una rebelión contra el padre. Porque claro es que el primogénito conoce muy bien la relación que el molinero Pedro Rey y su mujer, Liberata, mantienen con Don Juan Manuel. Éste les arrienda el molino por doce ferrados de trigo y doce de maíz —renta que a veces ni siquiera pagan— y se supone que también por la disponibilidad de la mujer cuando el Mayorazgo la requiera (así ocurrirá más adelante). Don Pedrito insiste en que dejen el molino o le paguen a él una renta muy superior. Y ante la postura esquiva de Liberata, a la que esa tarde ha encontrado sola en el molino, Don Pedrito azuza a los perros contra ella, y después la viola (II, 4.ª).

Las referencias a Doña María y Liberata la Blanca nos han introducido, sin apenas darnos cuenta, en la otra gran vertiente de la historia de ÁGUILA DE BLASÓN. Pero no es en ellas, sino en Sabelita, en quien conviene que nos fijemos primero, al pasar a este otro punto. La condición de víctima, que es inherente a Sabelita, se confirma y desarrolla en la segunda parte de la trilogía. Víctima de Don Juan Manuel, desde luego, que la ha seducido y reducido a una vida humillante: «Me trata como a una esclava, me ofende con cuantas mujeres ve, y no puedo dejar de quererle» (I, 2.ª). Víctima de la sociedad, cuya moral condena severamente lo irregular de su situación: recuérdese en I, 1.ª, la plática terrible de Fray Jerónimo, con probables indirectas contra ella, y la reacción de ella —siempre débil— desmayándose. Víctima de la envidia de Liberata, quien es capaz de urdir un hechizo contra Sabelita (IV, 1.ª). Víctima, incluso, de Doña María: aunque la perdone, hay un momento en que Doña María deja a Sabelita abandonada y desamparada (III, 4.ª)... La dilatada huida de Sabelita, las situaciones extrañas, misteriosas que le sobrevienen —como el bautismo del niño no nacido, en III, 6.ª—, su intento de suicidio, acrecientan el delicado dibujo del personaje.

En el polo opuesto se encuentra Liberata, barragana de Don Juan Manuel cuando a éste lo abandona Sabelita. Lúbrica, carnal, Liberata protagoniza las escenas más eróticas de la trilogía: la ya citada de la violación en el molino y aquella otra en que se desnuda e introduce sigilosamente en la cama de Don Juan Manuel, mientras él duerme (IV, 4.ª). Sin embargo, ni Liberata ni Sabelita ni ninguna otra de las muchas mujeres que, según se repite a menudo, llenan sus horas de lujuria es *la mujer* de Don Juan Manuel: aquella a la que de verdad ama. Curiosamente, al final, resultará serlo su propia esposa, Doña María, a quien ha ofendido más que a ninguna otra, a la que ha hecho víctima como a ninguna otra... Pero esto pertenece ya a *Romance de Lobos*. En ÁGUILA DE BLASÓN, Doña María es la madre llena de bondad, la esposa resignada que, a pesar de todo, ama a Don Juan Manuel (también a ella le sucede, como a Sabelita, que no puede dejar de quererle.)... Claro está: en la religión halla su consuelo, su refugio. La suya es una religiosidad ingenua, propia de un alma buena y un poco infantil: lo comprobamos en IV, 3.ª, con su sueño fantástico, en el que comparecen el Niño Jesús y la Virgen María.

No sólo en el espejo de estas tres mujeres podemos reconocer al *bárbaro,* contradictorio, inquieto e inquietante, desasosegado, vital y agónico Don Juan Manuel Montenegro. Otro espejo fundamental nos lo tiende ese raro personaje que se llama Don Galán. Don Galán es su «hombre de placer», en el sentido de que es su bufón particular. El recuerdo de *El rey Lear* se impone de nuevo; el bufón de la tragedia shakespeariana es, sin duda, el modelo de Don Galán. Éste, a la vez, tiene un desarrollo original, brillante; algunas de sus acciones mímicas, algunas acotaciones, hacen pensar en las farsas y en los esperpentos. Para poner un solo ejemplo, repárese en esta descripción: «Don Galán, ya en la puerta, hace una cabriola y ríe con su risa pícara y grotesca, la gran risa de una careta de cartón» (II, 2.ª). Por supuesto, su relación profunda con Don Juan Manuel es la misma que la del bufón con Lear: es «una voz de mi conciencia» (III, 2.ª).

Al margen de este eje central de Don Juan Manuel, contemplamos la relación amorosa entre Cara de Plata y Pichona la Bisbisera, que se había entablado en la primera parte de la trilogía, y un episodio en el que estará involucrado Cara de Plata y tendrá por protagonista a Don Farruquiño: el robo de un cadáver del cementerio, con el propósito de vender después el esqueleto.

Cara de Plata continúa hasta cierto punto enamorado de Sabelita, pese a haber renunciado a ella —de hecho, renuncia a ella en el momento final de *Cara de Plata,* con esa huida frenética a caballo—, y resulta muy sensible, aunque descrito con trazos sobrios, el fugaz encuentro de los dos en III, 5.ª Allí vemos a Sabelita, asustada, huyendo de la casona de Don Juan Manuel. Y a Cara de Plata, protector y respetuoso hacia la muchacha, y simultáneamente con esa melancolía que deja un amor no alcanzado, un amor imposible... Algo que a Cara de Plata se le escapa, casi sin querer, en esta tímida confesión a Sabelita: «A pesar de tantas cosas, no he olvidado aquel tiempo». Porque la relación amorosa de Cara de Plata con Pichona es... algo distinto, como ya comprendimos en la primera parte. Con todo, y a pesar de que Pichona se lamenta del poco interés que Cara de Plata le demuestra ahora, observemos la postura afectuosa de él, tras contar a Don Farruquiño que abandona Viana para unirse a los carlistas: «Solamente me apena tener que dejar a la pobre Pichona» (IV, 6.ª). Si añadimos la despedida de Doña María, despedida en la que se nos suministran nuevas pruebas de la caballerosidad de Cara de Plata hacia su padre y sus hermanos, el retrato del personaje quedará bastante completo. Entre los desalmados hijos de Don

Juan Manuel y Doña María, Cara de Plata es la excepción; y, de acuerdo con un elemental principio de justicia poética, el único que se salva del derrumbe final. Cara de Plata no reaparecerá en *Romance de Lobos* (sí, en cambio, en *La Guerra Carlista).* Que esa salvación se identifique con el hecho de alistarse en la guerra carlista —o, sin más, en la guerra— es sobremanera significativo. Repárese en estas palabras suyas a Doña María, que contienen, indirectamente, un diagnóstico social:

> Xavier Bradomín me ha convencido de que los hombres como yo sólo tenemos ese camino en la vida. El día en que podamos alzar partida por un rey, tendremos que alzarlas por nosotros y robar en los montes. Ése será el final de mis hermanos (IV, 2.ª).

Para terminar, detengámonos en la famosa escena del cadáver. Con mucha razón, Lázaro Carreter la califica de «sin duda la más audaz y, a la vez, estremecedora del teatro español», advirtiendo que en ella está «toda la posterior literatura *tremendista»* [11]. El episodio se inicia en la escena 5.ª, jornada IV: Don Farruquiño dice a Pichona que ponga al fuego un caldero grande con agua, y que le dé un saco. Y se van él y Cara de Plata al cementerio. Por el camino (escena 6.ª), Don Farruquiño explica: «se trata de hacernos con un esqueleto y de venderlo al Seminario» para el aula de Historia Natural, y añade que le pagarán una onza. El saco era para transportar el cadáver; y el caldero de agua hirviendo, para descarnarlo. Estamos ya en la escena 7.ª Mientras Don Farruquiño cuece el cuerpo en el caldero —«asomando unas veces la calavera aún recubierta por la piel, y otras una mano de momia negruzca y engarabitada»—, Cara de Plata y Pichona hacen el amor. La simultaneidad de las dos acciones en el mismo sitio precipita un

---

[11] Fernando Lázaro Carreter, *Águila de Blasón, Blanco y Negro,* Suplemento dominical de *ABC,* 18 de agosto de 1991.

contraste espectacular, violento, que el diálogo y las acotaciones subrayan convenientemente. Por ejemplo: «Se oye el golpe de las tenazas sobre las costillas de la momia, y los suspiros de la manceba». Como es lógico, por debajo del chirrido de esta situación, el lector —o el espectador— comprende que aquí hay algo más que un afán de *épater;* que hay, en realidad, una angustiosa pregunta acerca del misterio de la vida y de la muerte.

SEGUNDA LECTURA. EL ESPACIO SIMBÓLICO

Viniendo al simbolismo del texto —objeto de nuestra *segunda lectura* [12]—, comenzaremos por referirnos al espacio escénico.

La feria y los caminos y encrucijadas, que son escenarios tan característicos de *Cara de Plata* y de *Romance de Lobos,* nos ofrecen en ÁGUILA DE BLASÓN un reflejo indirecto. Dado que la acción se desarrolla en Viana del Prior, no sorprenderá que el motivo ferial aparezca, siquiera sea tangencialmente, en un momento determinado. En II, 6.ª, vemos «un mar tranquilo de ría» y los barcos que llevan los ganados, puesto que «son vísperas de feria en la villa y sobre la cubierta del galeón se agrupan chalanes y boyeros». Los caminos y encrucijadas —por ejemplo, un «un viejo camino» en V, 2.ª— tampoco juegan aquí un papel muy destacado, pero quiero hacer notar dos cosas. Primera: que hay una frase (¿me atreveré a calificarla de genial?) que debemos retener. Dice la Preñada a Sabelita, explicando su deseo de acompañarla, de no dejarla sola: «Son muy temerosos los caminos» (III, 6.ª). Segunda: hasta cierto punto, las calles nocturnas de Viana, para la fugitiva Sabelita, son como caminos y encrucijadas, donde acecha el misterio, el peligro.

---

12 Sobre el concepto de *segunda lectura,* remitimos de nuevo al lector a nuestra Introducción en *Cara de Plata.*

Aunque sin la riqueza que, como espacio, tiene el templo en *Cara de Plata* y en *Romance de Lobos,* en ÁGUILA DE BLASÓN tenemos esa «iglesia de colegiata ampulosa y sin emoción» de la primera escena. Allí, la plática de Fray Jerónimo, desbordando anatemas y con su voz «pavorosa y terrible», equivale para Sabelita —se desmaya, y la sacan a la calle— a una verdadera expulsión del templo. Otro lugar sagrado, y que nos ofrece especial interés, es el cementerio de la Orden Tercera. Es el cementerio que Don Farruquiño y Cara de Plata violan: profanando dos tumbas (IV, 6.ª), robando un cadáver que, después del ultraje de intentar descarnarlo —y ante la imposibilidad de conseguirlo—, devuelven al camposanto arrojándolo, sin más, desde el otro lado de la tapia (IV, 7.ª). Esta profanación de un lugar sagrado recuerda otras que vimos en *Cara de Plata* [13] y, en cierto modo, cabe compararla con otro episodio de ÁGUILA DE BLASÓN: el asalto a la casona. Pero vayamos por partes.

La casa señorial es, sin duda, el gran escenario de ÁGUILA DE BLASÓN. Es también uno de los grandes escenarios de la literatura valleinclaniana, del que Maravall ha propuesto esta interesante interpretación de conjunto:

> En el mundo de Valle-Inclán, la casa señorial es la unidad de existencia común [...]. Junto a aquélla, se sitúan núcleos rurales de población que giran en torno a la mansión del señor. En la morada del rico —que por serlo toma caracteres señoriales, en una normal correspondencia entre riqueza y nobleza, de carácter feudal—, se cobija toda una grey de criados, bajo una vinculación de dependencia personal y heredada [14].

En las *Comedias Bárbaras* vemos dos pazos, el de Lantañón *(Cara de Plata)* y el de Flavia-Longa *(Romance de Lo-*

---

[13] En *Las Galas del Difunto,* vuelve Valle-Inclán a plantear la profanación de un cementerio: Juanito Ventolera exhuma el cadáver del boticario para robarle el traje (Escena IV).

[14] José Antonio Maravall (1966), pág. 240.

bos), y esta casona de Viana en ÁGUILA DE BLASÓN [15]. Pero la verdad es que la distinción entre pazo y casona no afecta al simbolismo del espacio: en el juego dramático, cumplen la misma función, en tanto que son la casa señorial. Ésta, en ÁGUILA DE BLASÓN, se nos va mostrando a través de varios escenarios parciales, de los que debemos retener los siguientes:

a) La alcoba de Doña María. Se resalta en la acotación la «cama antigua, de nogal tallado y lustroso», los «cortinajes de damasco carmesí», cierta atmósfera litúrgica, la imagen del Niño Jesús sobre una consola y entre flores de azucenas... (IV, 2.ª).

b) El comedor, con rasgos no menos litúrgicos. Es «una sala grande, apenas alumbrada por un velón». El detallismo en la descripción de los objetos contribuye a prestigiar el lugar: «recado de plata antigua», manteles «de lino casero, con una cenefa roja, la copa es «uno de esos grandes y portugueses vasos de cristal tallado, donde en otro tiempo bebían los frailes y los hidalgos agrio zumo de los parrales» (II, 7.ª).

c) La cocina. He aquí el escenario parcial tal vez más repetido en las *Comedias Bárbaras,* el más enigmático, el más cuajado de resonancias míticas. Pongamos ahora como ejemplo la de ÁGUILA DE BLASÓN en la escena 1.ª de la jornada III. La larga acotación inicial resulta esclarecedora... y magnífica. Con qué expresividad se nos dibuja allí la «gran cocina del caserón», el fuego en la chimenea —una chimenea de piedra, que «recuerda esos cuentos campesinos y grotescos de las brujas que se escurren por la gramallera abajo, y de los trasgos patizambos que cabalgan sobre los varales donde cuelgan las morcillas puestas al humo»— y a los criados que, sentados alrededor, «dan fin a los cuencos de la fabada y sorben las última berzas pegadas a las cucharas de boj».

---

15 María del Carmen Porrúa (1983) considera —con bastante razón— que son casonas de villa las de Viana del Prior y Flavia-Longa, y pazo, propiamente dicho, el de Lantañón; a pesar de que en *Águila de Blasón* se habla del «pazo de Flavia» (I, 2.ª) (págs. 191 y sigs.).

Todo confluye, mediante estas estampas, en un sentimiento mítico y poético del espacio; sentimiento que se refuerza con algunos recursos más: animación de los objetos, sensaciones visuales y olfativas (por ejemplo, ese «balsámico aroma de los membrillos puestos a madurar en aquel gran balcón», III, 4.ª), etc.

Otra observación: la variedad de escenarios parciales de la casona no debe confundirnos. Cada uno de ellos, en cada momento, remite al conjunto, al edificio global. En suma: el verdadero escenario es la casa señorial, toda ella, y sobre todo, una idea de ella. Casi no hay que agregar que el personaje que se identifica con este espacio de una manera total, absoluta, es Don Juan Manuel Montenegro. Al empezar a hacer un determinado reproche —en este momento, no importa cuál ni por qué— a Sabelita, Don Juan Manuel dirá precisamente: «¡Deseo saber quién es ahora el señor de esta casa!». La respuesta de Sabelita surge inmediata: «Quien siempre lo fue» (II, 3.ª). ¿Alguien podía dudarlo? Pues bien: merced a esta identificación tan plena, algunas acciones van a adquirir una significación especial, una mayor hondura, al producirse donde se producen. Por ejemplo, releamos esta acotación:

> Atraviesa (Don Juan Manuel) los resonantes corredores, desciende a la ancha escalera de piedra, y sale a la plaza silenciosa y abandonada. En la puerta, bajo el blasón que tiene en sus cuartales las espuelas de caballería y águilas de victoria, se detiene sollozando... (V, escena última).

Que solloce, *justamente allí,* confiere un sentido aún más profundo a tal hecho. Estamos en el instante final de la obra, y ese lamento del protagonista, un lamento en el que se juntan tantos fracasos y tantas desilusiones de su vida, acompaña su acto de abandonar la casona. Lo hace obligado por Doña María, quien, al acoger y perdonar a Sabelita, impone un orden moral que había sido roto. Don Juan Manuel, en otras ocasiones tan fanfarrón y altanero, se doblega. Y, seguido de Don

Galán y de Liberata, sale de allí, sale a la noche, como si de un destierro se tratase. (En lo que, de nuevo, percibimos una concordancia con *El rey Lear:* acto II, escena última). Asimismo, este final revela una vaga simetría, un contraste, con el comienzo de ÁGUILA DE BLASÓN: Sabelita, «expulsada» del templo.

Para completar nuestra interpretación del espacio en el juego dramático, releamos también el asalto de los bandoleros de Juan Quinto —con Don Pedrito— al caserón. Aquí, la casa señorial no es sólo la mansión del rico; es también la mansión del padre, por lo que ese asalto conlleva una mayor, una doble gravedad: es profanación de un espacio en cierto modo sagrado. Por otra parte, se diría que con ello se anuncia ya, secretamente, la escena final que acabamos de comentar: Don Juan Manuel abandonando, en mitad de la noche, como desterrado, la casona de la que hasta ese instante era indiscutido señor.

EL SIMBOLISMO DEL LENGUAJE

Como en *Cara de Plata* y en *Romance de Lobos,* podemos distinguir un acopio considerable de locuciones pertenecientes a lo que es —o se supone que es— un lenguaje ya «hecho», fuertemente ritualizado. Hay refranes y oraciones sentenciosas (a cargo, sobre todo, de la anciana criada Micaela la Roja. Locuciones del tipo de «¡La verdad ciega como la luz!, o: «... palabras mentirosas que esconden mucho engaño y la hiel debajo de la miel», en II, 3.ª), repeticiones y muletillas (que acompañan a los personajes a lo largo de la obra o de una sola escena; ejemplo de esto último: «callado me estaba», que repite y repite Don Galán en II, 2.ª), una plática como la de Don Jerónimo (I, 1.ª) y, en contraste con su violencia y ampulosidad, una disertación —llena de sabiduría mágica, popular— como la de la Curandera (II, 5.ª); fórmulas rituales (como en el bautismo prenatal de III, 6.ª), exorcismos frecuentes en el habla coloquial, un planto (el que, creyendo muerto a

Don Juan Manuel, declama la Roja y el coro de criados al final de la escena 5.ª, act. I); una canción popular («Vexo Cangas, vexo Vigo...», II, 4.ª); voces inarticuladas (como ese «jujú» de Don Galán, semejante al «jujurujú» de *Divinas Palabras),* cierta entonación en un instante preciso (por ejemplo, en V, escena última: la voz de Doña María «suena religiosa y apagada, como la voz que atribuye la fantasía a las almas en pena»)...

Aparte de esta recurrencia a un lenguaje ya «hecho», que impregna el conjunto de diálogos y monólogos de una cadencia ritual innegable, es en la extraordinaria imaginería del texto donde acabaremos de reconocer las profundas raíces de la literatura de Valle-Inclán. Acerquémonos a ese ancho caudal de imágenes, separándolas en varias series.

Imágenes animales

Es sabido que al mundo animal se le confiere un papel muy destacado en las ficciones valleinclanianas —tanto en narrativa como en teatro—, y ello en un doble aspecto: presencia directa de animales en el curso de la acción, y alusión a éstos en descripciones —o acotaciones— y en diálogos. En ambos casos, tales imágenes animalísticas pueden tener o no un valor simbólico. Conviene que insistamos en este punto, y lo haremos con un sencillo ejemplo. En *Cara de Plata,* veíamos que el caballo representaba las fuerzas instintivas, el impulso sexual, y que con ello se enriquecía el retrato de dos personajes, Cara de Plata y Don Juan Manuel. Pues bien, en ÁGUILA DE BLASÓN de nuevo encontramos a Cara de Plata a caballo... y, sin embargo, esta imagen equina aparece desprovista aquí de cualquier otra significación que no sea la puramente literal, y que se expone en una oportuna acotación: para poder huir de «la persecución de sus acreedores, Cara de Plata anda siempre a caballo por las calles de Viana» (III, 3.ª). Eso es todo.

Si reparamos en el título, alusivo al viejo escudo familiar de los Montenegro, descubriremos ya una imagen animalística de gran fuerza expresiva: el águila, en su connotación de agresividad, de fiereza. Por supuesto, hay que asociarla con Don Juan Manuel y con los hijos. Don Juan Manuel se relaciona también con el lobo. «Yo soy un lobo salido», le oiremos decir tres veces, y sobre su triple afirmación caerá el telón de la obra. En fin, Don Juan Manuel se identifica, asimismo, con el toro («¡Toro de valentía!», declama la Roja en su precipitado planto, I, 5.ª) y con el león y el tigre (III, 2.ª). Y con el gavilán, en contraposición a la paloma; contraposición con la que Micaela la Roja explica la seducción de Sabelita por Don Juan Manuel: «Fueron muchas las acechanzas y muchos los revuelos del gavilán para prender en sus garras la paloma» (III, 4.ª). En algún otro momento se llama *paloma* a Sabelita (lo hace Don Galán, en V, 3.ª y en V, 5.ª) y, sobre todo, *cordera,* vocativo con que la Roja se dirige constantemente a ella.

En este bestiario de ÁGUILA DE BLASÓN hay, igualmente, zorros. Ante la bravuconería de Don Juan Manuel, el Alguacil y el Escribano «se retiran prudentes, como dos viejos zorros» (III, 2.ª). Y Liberata es «una zorra» (escena última). Ahora bien, la imagen —y la presencia— animalística más definitoria de ÁGUILA DE BLASÓN es la de los perros. Para empezar, hay perros en escena con mucha frecuencia. En su primera aparición, Don Juan Manuel «llega con la escopeta al hombro, entre galgos y perdigueros que corretean llenando el silencio de la tarde con la zalagarda de sus ladridos y el cascabeleo de sus collares» (I, 2.ª). En el asalto a la casona, el enmascarado —todavía no sabemos que es Don Pedrito— apacigua y hace callar a los perros, llamándolos por su nombre: *Canoso, Morita* (I, 5.ª); perros a los que volveremos a ver en I, 3.ª, y a los que oiremos ladrar en varias ocasiones... Al margen de su función ambientadora, esta presencia no es muy significativa. Sí lo es, en cambio, lo que desempeñan los perros en la escena 4.ª de la jornada II. Se trata de la escena de la violación de Liberata por Don Pedrito. Allí, los perros que lleva Don Pedrito, azuzados por éste, «se arrojan sobre la molinera y le desgarran a dentelladas el vestido, dejándola desnuda». Liberata huye y se sube a un poyo. Los perros, que la persiguen, «se alzan de manos aulladoras y saltantes, arregañados los dientes feroces y albos». La crueldad de estos perros los asemeja a los lobos y es, por supuesto, una objetivación de la crueldad de Don Pedrito. No es casualidad que, un momento antes, la acotación nos diga que Don Pedrito «ríe con risa de lobo».

Más que en la presencia directa de los perros, el verdadero interés tal vez radique en las imágenes que obtenemos de diálogos y acotaciones. Dos aspectos diferenciaría yo aquí. En primer lugar, lo que algunos personajes dicen. Por ejemplo, la larga intervención de la Curandera explicando con un delicioso cuento folclórico —o que aparenta serlo— que, como recompensa por haber lamido las heridas de Jesús, los perros «tienen saludable la saliva» (saludable, en el sentido de que puede curar) (II, 5.ª). En segundo lugar, la identificación de algunos personajes con ellos: su configuración perruna. Es el caso de Don Galán. Entre otros pasajes, recuérdese cuando Don Juan Manuel le arroja un hueso y «el bufón, con aquella manera grotesca de imitar a los perros que tanto divierte al hidalgo cazador, se aplica a roerle» (II, 7.ª). También es, parcialmente, el caso de Liberata: Don Juan Manuel la llama *can* y *cadela,* y ella le sigue dócil, como si lo fuera en realidad (V, escena última). Para terminar, nótese que la identificación canina puede servir como metáfora llena de sensualidad. Fijémonos en Cara de Plata acariciando a Pichona: «Cara de Plata se acerca sonriente y le halaga el cuello como a un perro fiel» (IV, 7.ª).

Imágenes vegetales, elementales y cósmicas

En el texto de ÁGUILA DE BLASÓN, cabe hallar algunas muy interesantes imágenes vegetales. Por ejemplo, lo frutal manifiesta, gráficamente, el atractivo erótico de Liberata: antes de la violación, vemos a la molinera «fresca y encendida como las cerezas de Santa María de Meis» (II, 4.ª). La manzana reineta se convierte en vehículo o instrumento de un hechizo: la Preñada cuenta que «una mala mujer diome un hechizo en una manzana reineta, y no logro familia» (III, 6.ª) [16]. Y sobre todo, una manzana roja viene a objetivar el enigma, el misterio de Sabelita. Ésta «toma una manzana encendida como las rosas, y suspira gozando aquel aroma de bálsamo y de flor». Más adelante, «en sus manos pálidas, la manzana de sangre parece un corazón» (V, 3.ª). En otra escena, se exalta el poder medicinal de las plantas. «No hay mal en el mundo que no tenga medicina en una yerba», dice la Curandera, y ella misma se aplica a demostrarlo: «atiende el hervor del vino con romero, mientras adoba las yerbas del monte que tienen virtud para curar el mal de ojo de las preñadas» (II, 5.ª).

Además de este vino hirviendo con romero, como fin medicinal, el vino irrumpe en alguna ocasión con toda la fuerza evocadora que implica su comparación con la sangre. Liberata llena el vaso de Don Juan Manuel, y el vaso «se enrojece con la sangre de aquellos parrales...» (V, escena última). Y un poco más tarde, cuando Don Juan Manuel vuelca la mesa, la acotación destaca sobre los manteles «el vino que se derrama ensangrentándolos» (V, escena última). Ese vaso, esos manteles, ese vino... más parecen los de un altar que los de corriente uso doméstico. El equívoco de esta impresión no es casual, sino resultado del proceso de sacralización que persigue el simbolismo del texto.

Otras imágenes —elementales, cósmicas— nos han de salir al paso, y aquí y allá, conforme discurra nuestra lectura de ÁGUILA DE BLASÓN. Reparemos, particularmente, en la luna y en el agua.

Aunque sin la trascendencia que tiene en *Cara de Plata,* la luna acompaña una buena parte de las acciones de ÁGUILA DE BLASÓN, y a veces surge en un parecido horizonte de enigmas

---

[16] Sin duda, Valle-Inclán toma esta idea de la tradición popular. La manzana reineta, como vehículo de un hechizo, se encuentra también en uno de sus más bellos relatos, «Mi hermana Antonia», del libro *Jardín umbrío.*

y sugestiones. Así, por ejemplo, tras el relato de la Curandera, en que se establece una conexión entre la furia de los perros y la luna «en que fueron engendrados», la acotación señala inmediatamente: «La luna se levanta sobre los pinares y blanquea la puerta del molino...» (II, 5.ª).

El simbolismo del agua presenta mayor complejidad. Subrayemos, por de pronto, que el río es fundamental en los dos episodios mágicos de la obra; el bautismo del niño no nacido y el intento de suicidio de Sabelita [17].

Describiendo su función en la tradición arcaica, Mircea Eliade afirma que «las aguas simbolizan la totalidad de las virtualidades; son *fons et origo,* la matriz de todas las posibilidades de existencia». Y escribe asimismo que «desde la prehistoria, el conjunto agua-luna-mujer era percibido como el circuito antropocósmico de la fecundidad», a la vez que el agua puede revelarse como signo opuesto: como sinónimo de destrucción y de muerte [18]. Y así, con esta dual y antagónica virtualidad, encontramos el símbolo en el teatro mítico valleinclaniano. Con mucha intensidad, en ÁGUILA DE BLASÓN. Pero tanto el bautismo anticipatorio como el intento de suicidio de Sabelita son episodios que plantean otras cuestiones, por lo que conviene analizarlos aparte.

SABELITA, CRIATURA MÁGICA

Siempre ha sido motivo de curiosidad el bautismo anticipatorio de ÁGUILA DE BLASÓN, por tratarse de algo raro, exó-

---

[17] No es mágica, en cambio, la aparición del Niño Jesús y de la Virgen: se trata de un sueño de Doña María. Aun cuando —puntualicemos en seguida— Speratti-Piñero (1974) advierte en este sueño «algo de premonitorio» (pág. 133). De otro lado, son meras alusiones, sin repercusión en la acción dramática, las de Pichona la Bisbisera cuando confiesa saber por las cartas —antes de que Cara de Plata se lo haya contado— que éste se va con los carlistas (IV, 7.ª) y cuando menciona la Santa Compaña (IV, 5.ª).

[18] Mircea Eliade, *Tratado de historia de las religiones,* México, Ediciones Era, 2.ª ed., 1975, págs. 178 y sigs.

tico, y, simultáneamente, de una práctica supersticiosa bastante extendida —hasta hace todavía poco tiempo— en la Galicia rural. Speratti-Piñero lo sitúa entre aquellos procedimientos terapéuticos, propios de la magia blanca, «en los cuales intervienen sacramentos, símbolos o palabras pertenecientes a la tradición cristiana y a los que se hace funcionar con carácter de sortilegios benéficos» [19]. Esta práctica supersticiosa —continúa diciéndonos— se inspira en la creencia «según la cual los niños medran mejor después de bautizados»; creencia que prolonga otra, de la Edad Media tardía, que «consideraba esencial el sacramento para la supervivencia física de la criatura» [20].

Ya hemos mencionado el origen del mal de ojo que sufre la Preñada, y que le impide tener descendencia: un hechizo. Para romperlo, este bautismo anticipatorio ha de ajustarse a ciertos requisitos. Debe realizarse en un puente donde haya una cruz y «bautizando con el agua del río después de las doce de la noche». El padrino o madrina ha de ser alguien que haya venido justo antes de esa hora, puesto que desde las doce «no ha de cruzar la puente, hasta hecho el bautizo, ni can, ni gato, ni persona humana»; cosa esta última que se consigue poniendo «en cada cabo de la puente» un «ochavo moruno de los que tienen el círculo del Rey Salomón».

El rapaz trae de la orilla del río un cuenco con agua. «Bendiga el agua para que sea santa, mi señora», dice la Suegra a Sabelita; la cual, a su vez, pregunta qué nombre se le ha de poner al niño. La acotación describe con detalle a la madre que, al subirse la falda, «descubre el vientre hidrópico y lívido, con una fe cándida que hace sagrado el impudor». Sobre este vientre, Sabelita traza una cruz con el agua del río, y repite en voz alta la oración que en voz baja le apunta el Abuelo: «Yo te bautizo con el agua santa del Jordán», etc. El conjuro revela

---

[19] Speratti-Piñero (1974), págs. 105-106. Sobre este tema, véanse también Rita Posse (1966) y Jean-Marie Lavaud (1992).

[20] *Loc. cit.*

su eficacia en seguida. La Preñada, «acometida de súbito rubor», deja caer la falda y cierra los ojos «como en éxtasis», gritando que el hijo le bate en las entrañas.

La última imagen que tenemos de Sabelita en esa escena es la de su «sombra que corre por la orilla del río». En el otro episodio que vamos a examinar, reaparece ese río, esa sombra...

Es necesario que consideremos dos antecedentes de naturaleza muy distinta, para explicarnos el intento de suicidio de Sabelita. Primero: Sabelita ha sido localizada por Don Galán, y éste y Doña María vienen ahora a buscarla... Pero Sabelita no quiere volver a la casona, sin duda que por un sentimiento de culpa. Ha estado escondida aquí, con la familia de la Preñada, y ha conocido unos días de paz, cuidando de la vaca, comiendo caldo de unto, haciendo vida de campesina (su aspecto, incluso, ha cambiado; la acotación nos lo advierte: «... atavíos de aldeana, camisa de estopa, refajo remendado y madreñas»). Y ante la inminente llegada de Doña María, en un extremo de desesperación, trata de ahogarse en el río.

El otro antecedente se encuentra dos escenas más atrás (V, 1.ª). Liberata está celosa: ve que Don Juan Manuel «suspira por Doña Sabelita». Desde su mentalidad, piensa que ello obedece a algún hechizo y que, en cualquier caso, Sabelita cambiará de actitud y volverá un día. Para evitarlo, para defender su posición actual de barragana de Don Juan Manuel, Liberata ha acudido a la Saludadora de Céltigos, y ésta le ha pedido «una prenda que hubiese llevado mucho tiempo Doña Sabelita». Liberata consigue esa prenda —un pañuelo bordado— de manos de la incauta y torpe Rosalva; cosa que la Manchada reprochará a esta última: «... por todo el oro del mundo no hiciera lo que ahora has hecho». La aparición final de la Saludadora, que no habla [21], y su salida de escena con Li-

[21] Personajes que no hablan, pero que son significativos por su silencio: he aquí un recurso dramático que debería estudiarse alguna vez. En *Águila de Blasón,* reparemos igualmente en la presencia muda, fugaz, de Bradomín (III, 5.ª).

berata, ambas en silencio, despierta una interrogante: un augurio sombrío.

Que Sabelita esté a punto de morir, ¿es consecuencia del hechizo de la Saludadora de Céltigos? ¿O lo es, exclusivamente, de la decisión y desesperación de la muchacha? ¿O de ambos motivos? El autor no contesta. Quienes se acerquen a esta obra —y, en general, a las grandes obras literarias— con mentalidad de lectores de novela policiaca, o de espectadores de cine policiaco, se sentirán defraudados. Valle-Inclán no contesta. Las grandes obras literarias no contestan, no explican los enigmas, sino que dejan en pie inquietantes preguntas, despertadoras de nuestra imaginación y de nuestra sensibilidad. En ÁGUILA DE BLASÓN, Valle-Inclán deja en pie esa pregunta, sí, y con ella todo el enigma que hay detrás de la magia negra. Recordemos que en *Cara de Plata* lo demoníaco se presentaba también con esa ambigüedad. En ÁGUILA DE BLASÓN, dos intervenciones reafirman aquellas dudas y sospechas. Dice Doña Rosita: «El Demonio te cegó para enamorarte de Don Juan Manuel» (I, 2.ª). Y Cara de Plata le dice que no le culpa de su relación con Don Juan Manuel, «porque conozco al Diablo» (III, 5.ª).

Quizá Sabelita fue víctima del Demonio entonces, quizá es ahora víctima de un hechizo... O quizá no, quizá «sólo» lo fue —lo es— de los demás, de las personas de su alrededor. Esta ambigüedad es la única forma válida como a la literatura moderna le es dado reflejar el misterio. Lo otro —lo afirmativo, lo demasiado crédulo— sería ingenuo y anacrónico... Pero hay criaturas mágicas, y Valle-Inclán lo sabía, como bien lo demuestra su precioso dibujo de Sabelita. Decíamos que a ésta la volveríamos a ver identificada con el río... Pues bien, acerquémonos a esa orilla donde están dos lavanderas, la Gazula y la Visoja. Y a través de ellas, miremos a Sabelita subiendo «por la ribera con la mirada estática» y después, ya «en medio del río», cómo «la corriente la arrebata». (Alguien contará luego que alcanzó a vislumbrar «en las aguas del río los cabellos de una mujer y las manos blancas asomando fuera»). Las lavanderas gritan y sus gritos despiertan al Barquero. La acotación nos descubre la lucha denodada de éste por salvar a Sabelita, y al fin su regreso a tierra, llevando el cuerpo inanimado en Brazos. ¿Ha muerto, se ha ahogado Sabelita?

Los excesivamente racionalistas se sentirán —también aquí— un poco incómodos. Porque, en un principio, «parece» que sí. Por ejemplo, esta acotación: «Algunos aldeanos traen a la mujer ahogada en unas andas de ramaje, cubiertas con una sábana blanca. La cabellera de la muerta cuelga fuera». Y, sin embargo, después sabremos que el corazón le late... Con todo, la duda, la angustia, subsisten. Cuando Doña María y los demás conducen a Sabelita a la casona, la Roja anuncia su llegada y amonesta así a Don Juan Manuel, que está con Liberata: «¿Qué hace sentado a la mesa con esa mala mujer, cuando la muerte está entrando por sus puertas? [...] ¡Escuche el gañido de los canes!». Y es muy interesante observar la posterior pregunta de él («¿La muerte para quien?») y la inmediata respuesta de ella: «Para los inocentes» (V, escena última).

Son muchas las ideas que se desprenden de este pasaje. De un lado, cabe sospechar algunos paralelismos con Perséfone: en cierto sentido, como Perséfone, Sabelita ha muerto y resucitado. De otro, el innegable modelo de Ofelia: como ella, Sabelita es también una criatura del agua. Resulta muy interesante, a este propósito, que Sabelita no quisiera ser rescatada, como si en el agua estuviera en su auténtico elemento: «Se agarraba a las arenas del fondo y no podían desasirla. Aún trae entre los dedos las algas» (V, 5.ª). En fin, Sabelita es la víctima inocente en este gran festín de la crueldad, el festín de los lobos.

RICARDO DOMÉNECH

La Coruña y Madrid, septiembre y octubre de 1993

BIBLIOGRAFÍA

ALBERICH, J., «Cara de Plata, fuera de serie», *Bulletin of Hispanic Studies,* XLV, 1968, págs. 299-308.

AMOR Y VÁZQUEZ, J., «Los galicismos en la estética valleinclaniana», *Revista Hispánica Moderna,* XXIV, núm. 1, enero de 1958, págs. 1-26.

BENÍTEZ CLAROS, R., «Metricismos en las *Comedias bárbaras», Revista de Literatura,* III, 1953, págs. 247-191.

BOREL, Jean-Paul, «Valle-Inclán o la pasión de lo imposible», en *El teatro de lo imposible,* Madrid, Guadarrama, 1966, págs. 171-223.

CANOA, J., *Semiología de las «Comedias bárbaras»,* Madrid, Cupsa Editorial, 1977, 151 págs.

CARDERO LÓPEZ, José Luis, «Galicia, Valle-Inclán e a morte (Apuntes etnográficos sobre as manifestacións da Morte en Galicia, a través das *Comedias bárbaras)», Grial,* núm. 112, octubre-noviembre-diciembre de 1991, págs. 523-543.

DÍAZ-PLAJA, Guillermo, *Las estéticas de Valle-Inclán,* Madrid, Gredos, 1965, 298 págs.

DOMÉNECH, R., «El espacio escénico en las *Comedias bárbaras»,* en *Serta Philological F. Lázaro Carreter,* vol. II, Madrid, Cátedra, 1983, págs. 157-170.

—, «Valle-Inclán y García Lorca: una perspectiva del teatro español», en VV. AA., *El teatro en España entre la tradición y la vanguardia,* Madrid, CSIC y Fundación García Lorca, 1992, págs. 333-343.

DOMÉNECH, R. (ed.), *Ramón del Valle-Inclán,* Madrid, Taurus, 1988, 451 págs. (col. El Escritor y la Crítica).

GABRIELE, J. P. (ed.), *Suma valleinclaniana,* Barcelona, Anthropos, 1992, 728 págs.

GARCÍA PELAYO, M., «Sobre el mundo social en la literatura de Valle-Inclán», *Revista de Occidente,* IV, núms. 44-45, noviembre-diciembre de 1966, págs. 257-287.

GÓMEZ MARÍN, J. A., *La idea de sociedad en Valle-Inclán,* Madrid, Taurus, 1967, 138 págs.

GÓNZALEZ LÓPEZ, E., *El arte dramático de Valle-Inclán,* Nueva York, Las Américas, 1967, 279 págs.

GREENFIELD, S. M., *«Cara de Plata:* The Esperpentic Version of the *Comedias bárbaras»,* en A. N. Zahareas, ed., *Ramón del Valle-Inclán. An Appraisal of His Life and Works,* Nueva York, Las Américas, 1968, págs. 584-597.

—, *Valle-Inclán: Anatomía de un teatro problemático,* Madrid, Fundamentos, 1972, 300 págs.

GUERRERO, O., «Sobre las *Comedias bárbaras,* de don Ramón del Valle-Inclán», *Cuadernos Hispanoamericanos,* LXVII, núms. 199-200, julio-agosto de 1966, págs. 467-481.

IGLESIAS FEIJOO, L., «El teatro de *Águila de Blasón,* de Valle-Inclán, en 1907», en *Homenaxe ó profesor Constantino García,* Santiago, Universidad, 1991, págs. 459-471.

JÍMENEZ, Juan Ramón, «Valle-Inclán visto por Juan Ramón Jiménez. Castillo de quema», *Ínsula,* núms. 236-237, 1966, págs. 11-12.

LAVAUD, Jean-Marie, *El teatro en prosa de Valle-Inclán (1899-1914),* Barcelona, Promociones y Publicaciones Universitarias, 1992, 688 págs.

LORENZANA, S., «Galicia en la obra de Valle-Inclán», *Ínsula,* núms. 236-237, julio-agosto de 1966, pág. 17.

LLORENS, E., *Valle-Inclán y la plástica,* Madrid, *Ínsula,* 1975, 286 págs.

MARAVALL, J. A., «La imagen de la sociedad arcaica en Valle-Inclán», *Revista de Occidente,* IV, núms. 44-45, noviembre-diciembre de 1966, págs. 225-256.

MARTÍNEZ TORNER, E., «La expresión en *Romance de lobos,* de Valle-Inclán», en *Ensayos sobre estilística literaria española,* Oxford, Solphin, 1953, págs. 110-113.

MATILLA RIVAS, A., *Las «Comedias bárbaras»: historicismo y expresionismo dramático,* Salamanca, Anaya, 1972, 168 págs.

PORRÚA, M.ª del Carmen, *La Galicia decimonónica en las «Comedias bárbaras» de Valle-Inclán,* A Coruña, Ediciós do Castro, 1983, 288 págs.

POSSE, R., «Notea sobre el folklore gallego en Valle-Inclán», *Cuadernos Hispanoamericanos,* LXVII, núms. 199-200, julio-agosto de 1966, págs. 493-520.

RAMOS-KUETHE, Lourdes, *Valle-Inclán: Las «Comedias bárbaras»,* Madrid, Editorial Pliegos, 1985, 160 págs.

RISCO, A., *El demiurgo y su mundo: Hacia un nuevo enfoque de la obra de Valle-Inclán,* Madrid, Gredos, 1977, 310 págs.

RODRÍGUEZ CASTELAO, A., *Galicia y Valle-Inclán,* Lugo, Celta, 1971, 49 págs. (Conferencia leída en La Habana, en enero de 1939).

RUBIA BARCIA, J., *Mascarón de proa (Aportaciones al estudio de la vida y de la obra de don Ramón María del Valle-Inclán y Montenegro),* A Coruña, Ediciós do Castro, 370 págs.

RUIZ FERNÁNDEZ, C., *El léxico del teatro de Valle-Inclán,* Salamanca, Universidad, 1981, 313 págs.

SALPER DE TORTELLA, R., «Don Juan Manuel Montenegro: The Fall of a Kin», en A. N. Zahareas, ed., *Ramón del Valle-Inclán. An Appraisal of His Life and Works,* Nueva York, Las Américas, 1968, págs. 317-333.

SÁNCHEZ BARBUDO, A., «Valle-Inclán y su paisaje», *Romance,* I, núm. 2, febrero de 1940, pág 9.

SCHIAVO, Leda, «La barbarie de las *Comedias bárbaras»,* en Ángel G. Loureiro, ed., *Estelas, Laberintos, Nuevas sendas: Unamuno, Valle-Inclán, García Lorca, la guerra civil,* Barcelona, Anthropos, 1988, págs. 191-203.

SEELMAN, R., «Folkloric Elements in Valle-Inclán», *Hispanic Review,* III, 1935, págs. 103-118.

SEGURA COVARSI, Enrique, *«Cara de Plata», Revista de Literatura,* V, núms. 9-10, 1954, págs. 267-279.

SERRANO, Javier, «La génesis de *Águila de blasón», Boletín de la Fundación García Lorca,* núm. 7-8, diciembre de 1900.

SMITHER, William J., *El mundo gallego de Valle-Inclán,* A coruña, Ediciós do Castro, 1986, 208 págs.

SPERATTI-PIÑERO, E. S., *El ocultismo en Valle-Inclán,* Tamesis Books, 1974, 202 págs.

SPITZMESSER, A. M., «Totem e Tabú: a sociedade galega nas *Comedias bárbaras* de Valle-Inclán», *Grial,* núm. 112, octubre-noviembre-diciembre de 1991, págs. 544-553.

TENREIRO, R. M., «Valle-Inclán y Galicia», *La Pluma,* VI, núm. 32, enero de 1923, págs. 35-39.

UMPIERRE, G., «La moral heroica en las *Comedias bárbaras»,* en *Homenaje a Casalduero,* Madrid, Gredos, 1972, págs. 471-484.

—, «Muerte y transfiguración de Don Juan Manuel Montenegro *(Romance de lobos)», Bulletin of Hispanic Studies,* L, núm. 3, julio de 1973, págs. 270-277.

VEGA, C. de la, «Perfil gallego de Valle-Inclán», *Ínsula,* núms. 152-153, julio-agosto de 1959, pág. 4.

ESTA EDICIÓN

La primera edición de ÁGUILA DE BLASÓN apareció en Barcelona, F. Granada, 1907. (Previamente se había publicado por entregas en *España Nueva,* entre septiembre y diciembre de 1906). En 1915 se reedita, dentro ya de la *Opera Omnia* (vol. XIV), Madrid, Sociedad Española General de Librería. Y en 1922, conservando la misma numeración, se hace una nueva edición de la de *Opera Omnia,* Madrid, Imprenta Sáez Hermanos. La futura edición crítica de ÁGUILA DE BLASÓN deberá tener en cuenta las variantes que se registran entre estas tres ediciones; sobre todo, entre la de 1907 y las otras dos (aparte de la edición en folletín y los fragmentos publicados previamente en periódicos y revistas, que J. M. Lavaud ha examinado con detalle).

De acuerdo con las características de esta Colección, aquí se ha pretendido ofrecer el texto que Valle-Inclán dio por definitivo en 1922, expurgándolo de algunas erratas, y desterrando correcciones que se añadieron posteriormente. Ante algunas dificultades muy concretas, se ha cotejado con la edición de 1907. Se ha modernizado la ortografía en los casos necesarios.

Entre las erratas, algunas son muy claras. Por ejemplo: «el señor Gimeno», en vez de «el señor Ginero» (y que en Austral ya se había corregido). Otras, en cambio, no lo son tanto. Así, en III, 4.ª, se habla de «las lumbres del San Juan» (y en las anteriores de Austral se repetía), pero en la edición de 1907 comprobamos que se trata de «las lumbres del Señor San Juan», lectura que hemos preferido.

La manera tan características —y heterodoxa— que tiene Valle-Inclán de puntuar también ha suscitado muchas incomprensiones y ultracorrecciones. (No se comprende que a Juan Ramón Jiménez se le respete siempre su famosa *j,* y a Valle-Inclán, en cambio, se le «corrijan» puntos, comas o signos de admiración). Valle puntúa, a menudo, marcando la entonación de las locuciones. Ello, unido a la musicalidad del habla gallega, lleva en ocasiones a frases como ésta: «¡Perdida por los caminos adónde irá!». Es una exclamación, no una pregunta. Por tanto, no se debe corregir de esta forma: «Perdida por los caminos ¿adónde irá?». Hacerlo equivale a cambiar el sentido. Y es que, si ajustamos una prosa como la de Valle-Inclán a las normas estrictas de la Gramática, podemos ahogarla. Pasa otro tanto con su tendencia a separar el sujeto del verbo por una coma, introduciendo una pausa en la frase. Por ejemplo: «Su mal, es la tristeza de recordar la figura amorosa y gentil que otras veces...» (IV, 1.ª). Esa coma, verdaderamente, intensifica la melancolía de la frase. O bien: «La brisa perfumada del jardín, entra por la ventana...». Asimismo, es frecuente que, allí donde todos —con la mayor ortodoxia gramatical— escribimos punto y seguido para separar dos oraciones, Valle-Inclán escriba dos puntos y empiece la oración siguiente con mayúsculas.

Continuando con estos problemas, queremos referirnos en particular a una duda y a la solución que hemos elegido. En III, 2.ª, encontramos este diálogo:

> EL ESCRIBANO.—¡Es lástima que no quiera ayudar a la Justicia!
>
> EL CABALLERO.—Yo me río de la justicia.

Idéntica palabra, *justicia,* va con mayúscula en la primera frase y con minúscula en la segunda. Así se lee en la edición de 1922. (No en la de 1907, ni en las de Austral anteriores a esta de hoy). ¿Es una errata? Yo creo que no. El contenido de la frase explica que el autor se valga de la mayúscula en el primer caso, trasladando gráficamente la importancia que para el Escribano tiene «la Justicia», y de la minúscula en el segundo, reflejando lo que, acerca de la misma, opina Don Juan Manuel. Por tanto, así se ha dejado.

Mayor complejidad advertimos en la frase: «... para huir la persecución de sus acreedores» (III, 3.ª). Salta a la vista que debería llevar la preposición *de;* o que el verbo más adecuado no es *huir,* sino *esquivar, burlar,* etc. Pero de este modo se lee en otras ediciones, y parece claro que de este modo lo escribió Valle-Inclán. Tal vez, al construir la frase, el autor tenía en mente al verbo gallego *fuxir,* con un matiz que podría explicarla. Obviamente, se ha respetado tal como se halla en el texto.

En el Glosario, recogemos los galleguismos léxicos y aclaramos también palabras castellanas arcaicas o de uso muy restringido. Para lo primero, nos valemos del *Diccionario Normativo Galego-Castelán* (Vigo, Edit. Galaxia, 1988) *(Dicc. Norm. Gal.-Cast.),* además de los estudios de Amor y Vázquez (1958) y Ruiz Fernández (1981). Para lo segundo, del *Diccionario* de la Real Academia Española *(DRAE).* A dos libros hemos acudido también en busca de ayuda: *El mundo gallego de Valle-Inclán,* de William Smither, para todo lo concerniente a los topónimos que aparecen en el texto, y *El ocultismo en Valle-Inclán,* de Speratti-Piñero, para cuanto se refiere a las tradiciones mágicas que, con mayor o menor desarrollo, se incorporaron a la obra. En otro tipo de cuestiones, más particulares, se han buscado sus propias fuentes, y así se hace constar.

Por último, queremos agradecer a don Carlos del Valle-Inclán sus valiosas y numerosas observaciones, que han contribuido a enriquecer nuestra edición, en especial las aclaraciones léxicas del glosario.

R. D.

ÁGUILA DE BLASÓN

COMEDIA BÁRBARA

DRAMATIS PERSONAE

El Caballero Don Juan Manuel Montenegro
Fray Jerónimo
Una Vieja
Una Moza
Un Monago
Una voz en la sombra
Sabelita
Doña Rosita
Rosita María
Otra Vieja
La Roja
El Zagal de las ovejas
Don Galán
El Capitán de los ladrones
Un Vecino
Un Ladrón
Otro Ladrón
El Enmascarado
Voces de los Ladrones y Voces de los criados
Pedro Rey
Liberata
Don Pedrito
La Curandera
Un Mozo
Una Vieja
Un Viejo
Una Moza
Un Marinero
El Patrón
Otro Marinero
Manuel Tovío
Pedro Abuín
Manuel Fonseca
Un Lañador
Una Cribera
Una Cintera
El Mendicante
Doña María
El Capellán
La Manchada
Rosalva
Bieito
Andreíña
El Alguacil y El Escribano
Don Gonzalito
Don Mauro
Don Farruquiño
Don Rosendo
Cara de Plata
El señor Ginero
La voz de un borracho
Dos Señoras con un Criado
El Chantre y El Deán
El Abuelo y El Rapaz
La Preñada
El Marido
La Suegra
El Niño Jesús
La Pichona
La Gazula y La Visoja
El Barquero
El Peregrino
El Espolique
Una Vieja ciega

JORNADA PRIMERA

ESCENA PRIMERA

Fray Jerónimo Argensola, de la regla franciscana, lanza anatemas desde el púlpito, y en la penumbra de la iglesia la voz resuena pavorosa y terrible. Es un jayán fuerte y bermejo, con grandes barbas retintas. El altar mayor brilla entre luces, y el viejo sacristán, con sotana y roquete, pasa y repasa espabilando las velas. La iglesia es barroca, con tres naves: Una iglesia de colegiata ampulosa y sin emoción, como el gesto, y el habla del siglo XVII. *Tiene capillas de gremios y de linajes, retablos y sepulcros con blasones. Es tiempo de invierno, se oye la tos de las viejas y el choclear de las madreñas.* Fray Jerónimo, *después de la novena, predica la plática. Es la novena de Nuestra Señora de la Piedad.*

Fray Jerónimo.—¡El pecado vive con vosotros, y no pensáis en que la muerte puede sorprendernos! Todas las noches vuestra carne se enciende con el fuego de la impureza, y el cortejo que recibís en vuestro lecho, que cobijáis en las finas holandas, que adormecéis en vuestros brazos, es la sierpe del pecado que toma formas tentadoras. ¡Todas las noches muerde vuestra boca la boca pestilente del enemigo!

Se oyen algunos suspiros, y una devota se desmaya. La rodean otras devotas, y en la oscuridad albean los pañolitos blancos, que esparcen un olor de estoraque al abanicar el rostro de la desmayada. Varias voces susurran en la sombra.

UNA VIEJA.—¿Quién es?
UNA MOZA.—No sé, abuela.
UN MONAGO.—Es la amiga del Mayorazgo...
OTRA VIEJA.—¡Para qué vendrá la mal casada a la iglesia!
UNA VOZ EN LA SOMBRA.—Querrá arrepentirse, tía Juliana.

Se oye una risa irreverente, y el murmullo del comento se apaga y se confunde con el murmullo de un rezo.

FRAY JERÓNIMO.—Sobre vuestras cabezas, en vez de la cándida paloma que desciende del Empíreo portadora de la Divina Gracia, vuela el cuervo de alas negras, donde se encarna el espíritu de Satanás. Si alguna vez recordáis el frágil barro de que somos hechos, lo hacéis como paganos: Os asusta el frío de la sepultura, y el manto de gusanos sobre el cuerpo que pudre la tierra, y las tablas negras del ataúd, y la calavera con sus cuencas vacías. ¡Pero como vuestra alma no se edifica, sigue prisionera en las cárceles oscuras del pecado!

Dos señoras, madre e hija, conducen a la desmayada fuera de la iglesia. Ha recobrado el sentido y llora acongojada: Sostenida por las dos señoras atraviesa el atrio y una calle angosta, con soportales, donde pasean en parejas algunos seminaristas, mocetones de aspecto aldeano que hablan en dialecto y visten el traje de los clásicos sopistas, burdo manteo de bayeta y derrengado tricornio. Al final de la calle hay una plaza desierta, sombreada por cipreses, como los viejos cementerios. Las tres señoras penetran en una casona antigua. Anochece y en el zaguán de piedra se percibe el olor del mosto.

ESCENA SEGUNDA

Una sala en la casa infanzona. Las tres señoras susurran en el estrado. Está abierto un balcón y se alcanza a ver gran parte de la plaza, por donde aparece DON JUAN MANUEL MONTENEGRO: *Es uno de esos hidalgos mujeriegos y despóticos, hospitalarios y violentos, que se conservan como retratos antiguos en las villas silenciosas y muertas, las villas que evocan con sus nombres feudales un herrumbroso son de armaduras:* EL CABALLERO *llega con la escopeta al hombro, entre galgos y perdigueros que corretean llenando el silencio de la tarde con la zalagarda de sus ladridos y el cascabeleo de los collares. Desde larga distancia grita llamando a su barragana, y aquella voz de gran señor, engolada y magnífica, penetra hasta el fondo de la sala y turba el susurro de las tres devotas, que comentan el sermón de* FRAY JERÓNIMO. SABELITA *se levanta enjugándose los ojos, y sale al ancho balcón de piedra donde aroman los membrillos puestos a madurar.*

EL CABALLERO.—¡Isabel! ¡Isabel!
SABELITA.—¡Aquí estoy!
EL CABALLERO.—Que baje por la escopeta Don Galán.
SABELITA.—¿Usted no sube, padriño?
EL CABALLERO.—No... Tengo que verme con el capellán de mi sobrino Bradomín. He quedado en ir a probar el vino de una pipa que avillan esta tarde.

EL CABALLERO *descarga su escopeta en el aire, la deja arrimada al muro y se camina sin esperar a que bajen por ella. Al olor de la pólvora, los perros corren en corcovos llenando la plaza con sus ladridos animosos. La barragana, suspirando, se retira del balcón. Las otras dos señoras, madre e hija, por mostrarse corteses suspiran también, y comienza de nuevo el afligido susurro de la conversación.*

DOÑA ROSITA.—¡Quién te ha conocido en casa de tu madrina tan alta y tan respetada! El demonio te cegó para enamorarte de Don Juan Manuel.

SABELITA.—Me trata como a una esclava, me ofende con cuantas mujeres ve, y no puedo dejar de quererle. ¡Por él condenaré mi alma!

ROSITA MARÍA.—Pensándolo es como te condenas.

SABELITA.—Fray Jerónimo me miraba desde el púlpito. ¡Yo sentía aquellos ojos de brasa fijos en mí!... No puedo olvidar sus palabras. Estoy en pecado mortal, y así me cogerá la muerte... Daban miedo los ojos de Fray Jerónimo... Sus palabras las tengo clavadas en el corazón, como tiene las espadas la Virgen Santísima de los Dolores. ¡Cuántas penas me mandas, Divina Señora!

DOÑA ROSITA.—¡Sabelita, quién no tiene tribulaciones!

ROSITA MARÍA.—¡Sabelita, todos hemos venido al mundo para sufrir!

SABELITA.—¡Siempre encerrada en esta cárcel, con vergüenza de que me vean! Si salgo, es como hoy, para ir a la iglesia, tapada con mi mantilla... ¡Y hasta de la iglesia me arrojan!

Las dos señoras procuran consolarla, y las palabras de la madre y las palabras de la hija se corresponden con la semejanza monótona de las ondas del mar en calma sobre una playa de arena. Hay un largo silencio. La sala comienza a ser invadida por la oscuridad. Las tres sombras que ocupan el estrado permanecen mudas bajo el vuelo de un mismo pensamiento, el recuerdo del fraile y de sus anatemas. En el silencio resuenan los pasos de una vieja que viene por el corredor. Es MICAELA LA ROJA: *Sirve desde niña en aquella casona hidalga, y conoció a los difuntos señores. Entra lentamente: En sus manos tiembla la bandeja con las jícaras de cristal, que humean en las mancerinas de plata.*

LA ROJA.—¡Santas y buenas noches!

DOÑA ROSITA.—¡Que siempre has de hacer lo mismo, Sabelita!

ROSITA MARÍA.—¡Pero si nosotras ayunamos!

SABELITA.—Quebrantáis el ayuno.

ROSITA MARÍA.—¡Qué cosas tienes! ¡Voy a pecar!

DOÑA ROSITA.—¡Válate Dios!

Se resignan con un gesto de amistoso reproche, arrastran sus sillas hacia el velador, y con pulcritud de beatas, cada una moja en su jícara medio bizcocho de las benditas monjas de San Payo. Fuera suenan las esquilas de un rebaño y la voz del ZAGAL *que grita debajo de las ventanas.*

EL ZAGAL.—¡Abran el portón!

LA ROJA.—Ya está ahí el rapaz con el ganado.

EL ZAGAL.—¡Abran el portón!

LA ROJA.—¡Qué prisa traes, condenado! Ni que te viniese siguiendo un lobo.

Sale la vieja y el choclear de sus madreñas y su voz cascada se extinguen poco a poco en el largo corredor.

DOÑA ROSITA.—¡Cómo se conserva esta Micaela la Roja! Debe de andar con el siglo, pero es de esas naturalezas antiguas...

ROSITA MARÍA.—Ya se ven pocos de estos criados que se suceden en las familias.

DOÑA ROSITA.—Micaela la Roja ha visto nacer a todos los hijos de Don Juan Manuel. Por cierto que son la deshonra de su sangre esos bigardos. Sólo han heredado de su padre el despotismo, pero qué lejos están de su nobleza. Don Juan Manuel lleva un rey dentro.

SABELITA.—Hay uno que no es como los otros.

DOÑA ROSITA.—Miguelito, el que llaman Cara de Plata.

SABELITA.—Sí, señora. Yo los encontré una tarde en el atrio de la iglesia, y no me arrastraron y me cubrieron de lodo porque me defendió Cara de Plata.

DOÑA ROSITA.—El mayor, sobre todo, es un bandolero. A la santa de su madre la tiene tan esclava, que la pobre no puede disponer ni de un ferrado de trigo. Yo tuve, poco hace, un apuro y me fui a verla en su Pazo de Flavia. Viaje perdido. Estaba tan pobre como yo. Sus hijos se habían juntado, y le habían vendido el trigo, todavía en el campo.

SABELITA.—¡Pobre madrina mía!

DOÑA ROSITA.—Me preguntó por ti, y más te compadece que te culpa. Doña María no concibe que pueda existir una mujer que no esté loca por Don Juan Manuel.

Saboreado el chocolate, madre e hija se quedan a rezar el rosario. Los criados llegan uno a uno desde la cocina, y conforme van llegando se arrodillan en el umbral de la puerta. Vuelven a oírse en el corredor las madreñas de MICAELA LA ROJA. *Detrás viene* EL ZAGAL: *Trae la montera en las manos y el susto en los ojos.*

LA ROJA.—Oigan al rapaz. Cuenta que le seguían unos hombres que estaban ocultos en el Pinar de los Frailes.

ROSITA MARÍA.—¡Divino Señor, serían ladrones!

DOÑA ROSITA.—¿Sería la gavilla de Juan Quinto?

LA ROJA.—No le presten mucho crédito a sus historias. Extravióse una oveja, y paréceme que todo ello de que le seguían, es para disculparse...

EL ZAGAL.—Que me crean que no, verdad le dije, señora Micaela. Éranle siete hombres con las caras tiznadas.

LA ROJA.—¡Ay, mi hijo, paréceme que has nacido el año del miedo!

SABELITA.—¡Quién apagó la luz del Cristo! ¿Ha sido aire?

LA ROJA.—No corre aire, cordera. Consumióse el aceite.

ESCENA TERCERA

SABELITA, *medio dormida al pie del brasero, espera a* DON JUAN MANUEL. *Ya sonó la queda en la campana de la Colegiata. Un velón de aceite alumbra la sala, que es grande y desmantelada, con vieja tarima de castaño temblona al andar, y los criados, en la sombra del muro, velan desgranando mazorcas de maíz en torno de las cestas llenas de fruto. Una voz cuenta un cuento. De pronto resuenan fuertes aldabadas, y la barragana se despierta con sobresalto.*

SABELITA.—¡El amo!... Bajen a abrir.
LA ROJA.—No parece el llamar del amo.
SABELITA.—¿Pues quién puede ser a esta hora?
DON GALÁN.—¡Como no sea el trasgo!
LA ROJA.—¡Qué más trasgo que tú, Don Galán!

La vieja se levanta después de volcar en la cesta el maíz desgranado en su falda, y mira por la ventana. Es noche de luna, y distingue claramente la figura del amo, que espera delante de la puerta en compañía de dos hombres desconocidos, que tienen las caras negras. Al mismo tiempo divisa otros bultos agazapados en la esquina. Con vago recelo entorna la falleba.

LA ROJA.—¿Quién llama?
EL CABALLERO.—¡Cuidado con abrir!... Asoma una luz para verles la cara a estos sicarios.
SABELITA.—¿Qué sucede?
LA ROJA.—¡El amo!... ¡El amo rodeado de una gavilla de ladrones!
SABELITA.—¿Qué dices? ¿Le han hecho daño?
LA ROJA.—¡Tráenle atado como a Nuestro Señor Jesucristo!

Asustada, la vieja retrocede hasta el fondo de la sala, donde los criados, en grupo medroso, invocan a santas y santos. SABELITA, *toda trémula, corre a la ventana.*

SABELITA.—¿Padriño, le han hecho daño? ¿Está herido? ¡Jesús! ¡Jesús!

EL CABALLERO.—¡Cuidado con abrir! Estos bandoleros pretenden entrar conmigo.

EL CAPITÁN *se destaca del quicio de la puerta. Tiene el rostro tiznado y el habla muy mesurada y cortés.*

EL CAPITÁN.—Señora, permítanos usted pasar, que de lo contrario, aquí mismo le degollamos...

SABELITA.—¡No le hagan daño! Ahora les abren.

EL CABALLERO.—Al que toque la llave he de picarle las manos en un tajo.

EL CAPITÁN.—¡Ya habla usted de más, Señor Don Juan Manuel!

EL CABALLERO.—¡Calla, hijo de una zorra y de cien frailes!

EL CAPITÁN.—¡Un rayo me parta! ¡Amordazadle!

SABELITA.—¡No le hagan daño!...

EL CABALLERO.—Isabel, saca una luz a la ventana.

Las últimas palabras apenas se oyen. EL CABALLERO *forcejea entre los ladrones y su voz muere sofocada bajo el pañuelo con que le amordazan.*

SABELITA.—¡No le hagan daño! ¡No le hagan daño, por amor de Dios!

EL CAPITÁN.—Eso deseamos nosotros, señora. Sepa que el pañuelo que le hemos puesto a la boca es un pañuelo de seda. Pero si tardan en abrir, por dar tiempo a que acuda gente, sepa también que nos iremos con su cabeza cortada.

SABELITA.—¡La llave! ¿Dónde está la llave?

SABELITA, *con súbita energía, clama vuelta hacia el grupo de los criados, que buscan la llave torpes y llenos de miedo. Tardan en dar con ella, y los ladrones se impacientan y juran delante de la puerta.* SABELITA, *alumbrándose con el velón, baja al zaguán. Para abrir tiene que dejar la luz en el suelo. Los ladrones penetran sigilosos. Son siete y todos llevan el rostro tiznado, menos uno que lo enmascara con una máscara negra. Entra el último, arrima la puerta con recelosa previsión, y sin cerrarla quita la llave. Con las manos sobre la culata de los pistolones, los bandidos rodean al viejo hidalgo.* SABELITA, *suplicante, quiere acercarse.* EL CAPITÁN *se lo estorba. Toda trémula, vuelve a tomar la luz y empieza a subir la escalera. En lo alto aparece el grupo pálido y miedoso de los criados.*

ESCENA CUARTA

Una antesala grande y desmantelada. SABELITA *deja la luz sobre un arcón y tiene que sentarse, cerrando los ojos como si fuese a desmayarse.* EL CABALLERO *la mira amenazador y bajo el pañuelo que le amordaza aún ruge con la voz sofocada y confusa.*

EL CABALLERO.—¡He de cortarte las manos!
SABELITA.—¡Perdóneme!
EL CABALLERO.—¡Perra salida!
SABELITA.—¡Tuve miedo!
EL CAPITÁN.—Señor Don Juan Manuel, no queremos hacerle daño, pero es preciso que nos diga dónde guarda las onzas.

DON JUAN MANUEL *permanece mudo.* EL CAPITÁN *con un gesto manda quitarle el pañuelo que le amordaza la boca.* EL CABALLERO *se ha detenido en medio de la sala: Tiene las manos atadas y está pálido de cólera, con los ojos violentos y fieros fulgurando bajo el cano entrecejo.* EL CAPITÁN *de los ladrones le habla.*

EL CAPITÁN.—¿Señor Don Juan Manuel, quiere responder ahora?

EL CABALLERO.—Soltadme las manos.

EL CAPITÁN.—Ya se las soltaremos. Primero responda.

EL CABALLERO.—¿Qué queréis saber?

EL CAPITÁN.—¿Dónde guarda el dinero?

EL CABALLERO.—No tengo dinero.

EL CAPITÁN.—Hace pocos días ha vendido dos parejas de ganado en la feria de Barbanzón.

EL CABALLERO.—Y me han robado otros ladrones como vosotros.

EL CAPITÁN.—¡Mentira, Señor Don Juan Manuel!

EL CABALLERO.—¡Soltadme las manos y os diré si es mentira, hijos de una zorra!

El grupo de los ladrones se revuelve y se encrespa con violento son de armas y denuestos. El enmascarado alza la voz imponiendo silencio. En aquellos rostros tiznados los ojos brillan con extraña ferocidad, y un sordo y temeroso rosmar estremece todas las bocas. EL CAPITÁN *llega donde está* SABELITA.

EL CAPITÁN.—Señora, no se haga la muerta, y tenga la bondad de guiarnos.

SABELITA.—No sé... No tenemos dinero...

EL CAPITÁN.—Está bien. Vamos a registrar la casa y usted nos alumbrará.

Al mismo tiempo la obliga a levantarse, asiéndola brutalmente de los hombros. SABELITA *reprime un grito y se pasa muchas veces las manos por la frente, con tanto miedo de aquel hombre como del viejo hidalgo, a quien no osa mirar. Quiere acercársele humilde.* EL CAPITÁN *se lo impide cortés y rufianesco, acompañando las palabras con una sonrisa de su cara tiznada.*

EL CAPITÁN.—Usted delante alumbrándonos, hermosa.

SABELITA.—¡No!... ¡No!...

EL CABALLERO.—Acompáñalos, Isabel.
SABELITA.—¿Está herido?
EL CABALLERO.—No.
SABELITA.—¡Perdóneme!
EL CABALLERO.—Acompáñalos.

La barragana, temblando, coge la luz y sale. Los ladrones la siguen con un rumor de pasos cautelosos, y cuando han desaparecido en el fondo del corredor, se alza llena de imperio la voz del hidalgo.

EL CABALLERO.—¡Sabelita, apaga el velón!
EL CAPITÁN.—¡Cuidado, señora!
EL ENMASCARADO.—¡Maldito viejo!

SABELITA *se ha estremecido bajo la ráfaga de aquella voz despótica, y casi inconsciente, como bajo una fuerza sobrenatural, sopla la luz y huye en la oscuridad antes de que puedan estorbarlo los ladrones.* EL CABALLERO *pide auxilio desde la ventana, y sus voces corren en la noche perseguidas por el ladrido de los perros.*

EL CABALLERO.—¡Fuego! ¡Fuego! ¡Socorro!...
UN VECINO.—¿Dónde es el fuego?
EL CABALLERO.—¡En mi casa! ¡En casa de Don Juan Manuel!

Temeroso de que sean ladrones, EL VECINO *abre a medias su puerta, y confirmado en sus recelos al no ver las llamas cierra cauteloso y prudente. Los ladrones corren hacia donde sonó la voz, y hallan la ventana abierta y sola, sobre el cielo estrellado y profundo.* DON JUAN MANUEL *ha desaparecido. La luna penetra en la sala y esclarece débilmente. Reunidos en el fondo, bajo el argentado reflejo, los ladrones se hablan en voz baja.*

UN LADRÓN.—¿Qué hacemos?
EL CAPITÁN.—¡Maldita suerte!
OTRO LADRÓN.—Si acuden, podemos escapar saltando las tapias del huerto...
OTRO LADRÓN.—¿Lo dejamos?
EL ENMASCARADO.—Dejarlo, no. ¡Escuchad!...

Callan y atienden. Llegan apagadas las voces de los criados, que piden socorro, y los ladrones se dispersan explorando por las estancias oscuras.

ESCENA QUINTA

Desde el balcón solanero, donde maduran los membrillos, da voces aquella vieja que acuerda el tiempo de los difuntos señores. Uno de los ladrones la descubre, y arrastrada la saca desde el balcón al corredor.

LA ROJA.—¡Fuego!... ¡Acudide, vecinos!... ¡Fuego!...
EL LADRÓN.—¡Vas a morir!
LA ROJA.—¡Recibe mi alma, Virgen Santísima!
EL LADRÓN.—¡Ay de ti, si no cantas!
LA ROJA.—¿Qué quiere que le diga?
EL LADRÓN.—¿Dónde esconde el dinero Don Juan Manuel?
LA ROJA.—Lo tiene enterrado.
EL LADRÓN.—¿Dónde?
LA ROJA.—¡Muy lejos! Yo les llevaré.
EL LADRÓN.—¡Mentira! Vas a morir.
LA ROJA.—¡Comí su pan cincuenta años!
EL LADRÓN.—¡Tú hablarás!

MICAELA LA ROJA *junta las manos y quiere alzarse de rodillas, pero a los golpes se dobla otra vez.* EL LADRÓN *le arrolla a la garganta las trenzas del pelo. En aquel momento una puerta se abre con rudo golpe, y aparece* DON JUAN MANUEL. *El viejo hidalgo tiene las manos desatadas y empuña dos pistolas de arzón. Dispara, y* EL LADRÓN *cae cerca de la vieja, que se arrastra buscando dónde esconderse. Acude* EL CAPITÁN *con otros compañeros, y esclarece el grupo un farol que han buscado en la cocina.* DON JUAN MANUEL *los ve llegar, y su ánimo temerario se acrecienta: Levanta la otra pistola, y la azulada vislumbre del fogonazo ilumina un momento aquel rostro de retrato antiguo. La bala rompe el farol. Los ladrones disparan en la oscuridad, y huyen por el huerto, temerosos de que acuda gente. No cesan de oírse las voces de los criados que, dispersos por el caserón, corren de ventana en ventana.*

VOCES DE LOS CRIADOS.—¡Acudide, vecinos!... ¡Acudide, vecinos!...

SABELITA.—¡Socorro! !¡Socorro!

LOS PERROS.—¡Guau! ¡Guau! ¡Guau!

VOCES DE LOS LADRONES.—¿Por dónde escapamos?... Por aquí... ¡Silencio!... Por aquí...

EL CAPITÁN.—¡Maldita suerte!

VOCES DE LOS LADRONES.—¿Y los perros? ¿Quién tiene la carnaza para los perros?

EL ENMASCARADO.—Los perros me conocen. Yo les hablaré.

VOCES DE LOS LADRONES.—Saltaremos el muro... ¿Estamos todos?

EL CAPITÁN.—¡Maldita suerte!... ¡Ahora sale la luna!...

VOCES DE LOS LADRONES.—Falta uno... No... Contarse...

EL CAPITÁN.—¡Al que no esté que se lo lleve el diablo!

LOS PERROS.—¡Guau! ¡Guau! ¡Guau!

EL ENMASCARADO.—*¡Canoso! ¡Morita!*

Cesan los ladridos, y la luna, saliendo de entre las nubes, ilumina la sala. En el umbral de la puerta yace DON JUAN MANUEL. *La vieja criada deja su escondrijo, llega y le toca las manos frías. Arrodillándose, le acuesta la cabeza en su regazo y clama con doloridas voces.*

LA ROJA.—¡Señor!... ¡Mi gran señor! ¡No me dirás quién te quitó la noble vida! ¡No me lo dirás!... ¡Por mí la perdiste, mi gran señor!

Las sombras de los criados comienzan a vagar por los corredores. SABELITA *entra en la sala, y viendo el cuerpo que yace en tierra, se abraza a él con gritos de enamorada. Acuden todos los criados, y plañen en redor arrodillados sobre la tarima.*

VOCES DE LOS CRIADOS.—¡En una horca se vean los que tanta afrenta le hicieron!... ¡Era el padre de los pobres!... ¡Era el espejo de los ricos!... ¡Era el más grande caballero del mundo!... ¡Castillo fuerte!... ¡Sol resplandeciente!... ¡Toro de valentía!...

SABELITA.—¡Don Juan Manuel! ¡Padriño mío!

EL CABALLERO.—¡Calla, hija del demonio! ¡Aún no he muerto para tanto lloro!

Abre los ojos lentamente y torna a cerrarlos. La voz, aunque confusa, conserva todo su antiguo engolamiento. De la frente herida le mana un hilo de sangre, y apenas puede despegar los párpados, sellados por dos coágulos. Se le siente suspirar cobrando aliento: Con penoso esfuerzo abre otra vez los ojos nublados, y se incorpora. Puesto en pie, para no caer desvanecido, tiende una mano, palpa en el aire, y se aferra al hombro de la vieja, que, temerosa de verle en tierra por no ser bastante su pobre ayuda, le sostiene con afán a un tiempo afligido y gozoso.

JORNADA SEGUNDA

ESCENA PRIMERA

Una sala en la casa infanzona. Apenas la esclarece la lamparilla de aceite que alumbra bajo morado dosel, los lívidos y ensangrentados pies de un Crucifijo. En las ventanas raya la luz del amanecer. MICAELA LA ROJA *vela sentada en el umbral de una puerta.* SABELITA, *cubierta con el manteo, entra sin hacer ruido: Cantan los pájaros en el alero, muge la vaca en el establo, las suaves campanas de la madrugada tocan a misa.*

SABELITA.—¿Duerme?

LA ROJA.—Batalla con sus pensamientos. Aun cuando nada dice, sabe quiénes fueron los caínes que le ataron para robarle.

SABELITA.—No se queja por no verse compadecido.

LA ROJA.—¡Cierto, cordera! Esta noche mucho le oí suspirar mientras aquí le velaba con Don Galán. ¡Madre de Dios, aventuréme a preguntarle de qué se dolía, y mandóme al infierno con todos los Demonios!

SABELITA.—Yo nunca me atrevo a preguntarle. ¿No has oído?

LA ROJA.—Es el viento en el quicio de la ventana.

SABELITA.—Los perros no han cesado de ladrar en toda la noche, como si alguien anduviese rondando la casa. Antes me asomé a la ventana y creí distinguir bultos de hombres, por el jardín.

LA ROJA.—Las sombras de los árboles son muy aparentes, y cuando el alma está sobresaltada, los ojos están llenos de figuras y espantos. Yo, alguna vez, pensando en las almas del otro mundo he sentido un aliento frío en la cara.

SABELITA.—Yo también... Y otras veces, sentí que una puerta se abría detrás de mí, y que una sombra se inclinaba sobre mis hombros.

LA ROJA.—No mentemos esas cosas del profundo, cordera.

SABELITA.—Tienes razón.

LA ROJA.—Tocan a la misa del alba.

SABELITA.—Es la tercera vez que tocan. Me levanté con ánimo de oírla, pero me asustaron los bultos que vi en el jardín.

LA ROJA.—Iremos las dos juntas, y así nos quitaremos el miedo.

Salen las dos. La vieja criada lleva un farol encendido. El mantelo la cubre como un capuz. Aún hay estrellas.

ESCENA SEGUNDA

DON JUAN MANUEL *yace en su lecho convaleciente de tantas heridas como recibió aquella noche, y a su puerta duerme el criado que cuida de los hurones y de los galgos. Un criado que llaman por burlas* DON GALÁN: *Es viejo y feo, embustero y miedoso, sabe muchas historias, que cuenta con malicia, y en la casa de su amo hace también oficios de bufón. Canta un gallo.*

EL CABALLERO.—¡Don Galán!

DON GALÁN.—¡Abriéronse las velaciones!

EL CABALLERO.—¿Qué dices?

DON GALÁN.—Que estaba en la compañía de Dios Nuestro Señor.

EL CABALLERO.—¿Raya el día?

DON GALÁN.—Los gallos cantan, pero aún hay estrellas.

EL CABALLERO.—¡No puedo dormir!

DON GALÁN.—¡Y a mí no me dejan! ¿Mandaba alguna otra cosa, mi amo?

EL CABALLERO.—Que te vayas al Infierno.

DON GALÁN.—¡Jujú!... Aguardaré a que mi amo tome otro criado, para no dejarle solo.

EL CABALLERO.—Cuéntame, en tanto, alguna mentira, Don Galán.

DON GALÁN.—Por el mar andan las liebres, por el monte las anguilas.

EL CABALLERO.—¡Calla, imbécil!

DON GALÁN.—Callado me estaba.

El bufón bosteza abriendo una boca enorme, y se echa debajo de la mesa, dispuesto a reanudar el sueño.

EL CABALLERO.—¡Don Galán!

DON GALÁN.—Mande, mi amo.

EL CABALLERO.—¡Juraría que maté a uno de los ladrones!

DON GALÁN.—De ése se dice que ha resucitado.

EL CABALLERO.—¡Yo le vi caer!

DON GALÁN.—Fue con el susto, mi amo.

EL CABALLERO.—¡Fue de un pistoletazo! Pero los compañeros se han llevado el cadáver porque al ser reconocido no los delatase.

DON GALÁN.—Yo vide cómo le soplaron en el rabo con una paja, y echó a correr. ¡Jujú!

EL CABALLERO.—¡Calla, necio!

DON GALÁN.—Callado me estaba.

La luz del alba raya en las ventanas. En el fondo de la estancia se esboza la cama antigua, de nogal tallado y lustroso. Sobre las almohadas yace la cabeza del hidalgo con los ojos abiertos bajo los párpados de cera, y una venda ensangrentada ceñida a la frente. El bufón ronca debajo de la mesa.

EL CABALLERO.—¡Don Galán!

DON GALÁN.—Mande, mi amo.

EL CABALLERO.—¿Y no se murmura por la villa quiénes eran los bandidos que quisieron robarnos?

DON GALÁN.—Se murmura que no eran bandidos, sino los hijos de mi amo. ¡Esas voces corren por la villa!

EL CABALLERO.—¡Calla, insolente!

DON GALÁN.—Callado me estaba.

DON GALÁN, *debajo de la mesa, infla los carrillos con mueca bufonesca, mientras el amo suspira con los ojos cerrados, sintiendo que lentamente se le arrasan de lágrimas. Al cabo de un momento, pasando sobre ellos su mano descarnada, también ríe, y su risa es de una fiereza irónica que exprime amargura.*

EL CABALLERO.—¿Don Galán, qué hacemos con unos hijos que conspiran para robarnos?

DON GALÁN.—Repartirles la facienda, para que nos dejen morir en santa paz.

EL CABALLERO.—¿Y después?

DON GALÁN.—¡Jujú!... Después pediremos limosna.

EL CABALLERO.—Tienes sangre villana, Don Galán. Después nos tocaría robarles a ellos.

DON GALÁN.—Mejor sería irnos a un convento.

EL CABALLERO.—Eso cuentan las historias que hizo, al despojarse de su grandeza, el Emperador Carlos V.

DON GALÁN.—Y por las noches saldríamos de mozas con los hábitos arremangados.

EL CABALLERO.—Habrá que pensarlo, Don Galán. Ahora abre la ventana y mira si raya el alba.

DON GALÁN.—Raya, sí señor.

EL CABALLERO.—¿Amanece sereno?

DON GALÁN.—Amanece que es una gloria.

SABELITA y la vieja criada vuelven de la iglesia. Las dos asoman en la puerta de la alcoba. SABELITA se acerca con amorosa timidez.

SABELITA.—¿Cómo se ha despertado tan temprano, padriño?

EL CABALLERO.—¡Qué noche!... Dudo si he soñado o si estuve en vela... ¡Ni aun ahora lo sé! ¿Soñamos o estamos despiertos, Don Galán?

DON GALÁN.—Yo solamente sé que estoy sentado, mi amo, y que así descanso de andar por el mundo. ¡Cuántos años hace que vamos por él, mi amo!

EL CABALLERO.—No, no basta estar sentado para descansar, ni basta estar dormido... Es preciso estar muerto. El pensamiento vuela de día y de noche... El mío vuela y realiza todo lo que mis manos no pueden realizar porque me las ata la vejez, como me las ataron aquellos miserables. Si estas manos fuesen con mi pensamiento, ya los había ahorcado a todos.

SABELITA.—¿Por qué se exalta? ¿Por qué no me dice sus penas, padriño?

EL CABALLERO.—Yo no tengo penas, y si alguna tuviese me la espantaría Don Galán. ¿Por qué lloras, Isabel? Si no sabes reír como ese necio, ve a enjugar tus lágrimas donde yo no te vea. Don Galán, avisa que dispongan mi desayuno.

DON GALÁN.—¿Qué desea?

EL CABALLERO.—Pregunta si hay leche cuajada y borona tierna. Antes he de tomar unas torrijas en vino blanco, que me las hagan bien doradas, y me subes de la bodega un jarro de vino del Condado. Si han puesto las gallinas, que me sirvan primero una buena tortilla.

DON GALÁN.—¡Y si no han puesto las gallinas, nos comeremos el gallo por mal cumplidor! ¡Jujú!

DON GALÁN, *ya en la puerta, hace una cabriola y ríe con su risa pícara y grotesca, la gran risa de una careta de cartón. El sol matinal penetra en la alcoba dorando los cristales de la ventana: Suben hasta ella, mecidos por el viento, los pámpanos de una parra, y se ve a los gorriones en bandadas picotear los racimos en agraz.*

ESCENA TERCERA

La alcoba del Mayorazgo. Con la fresca de la tarde ha venido EL MOLINERO *que tiene en arriendo los molinos de Lantañón. Trae, como regalo a su amo, una orza de miel, y viene solamente por saber sus nuevas. Es un viejo aldeano lleno de malicias, con mujer moza, galana y encendida. Hace su entrada con la montera entre ambas manos y una salmodia en los labios.*

EL MOLINERO.—¡La Santísima Virgen María no ha permitido que los pobres nos quedásemos sin padre! ¡Divina Señora, ella querrá guiar a la Justicia para que descubra a esos mal nacidos y paguen su gran crimen en una horca!... ¡Contáronme que desde anochecido estuvieron ocultos, al acecho, como raposos! ¡Que Nuestro Señor no les mandase un rayo del Cielo que allí mismo los dejase hechos carbones, para escarmiento!... ¡Y mi amo no conoció a ninguno!... ¡Para el que mi amo hubiese conocido, júrole que no haría falta verdugo, como yo me lo topase solo en un camino, y me hubiese puesto al hombro una buena carabina mi santo patrono el Señor San Pedro!

EL CABALLERO *interrumpe familiar y despótico, y el viejo ladino se pasa lentamente la montera de una mano a otra.*

EL CABALLERO.—¡Basta de responso! ¿Qué te trae?

EL MOLINERO.—Tráeme el cuidado en que allá estábamos todos, por saber de nuestro amo.

EL CABALLERO.—¿Y tu mujer, cómo no ha venido a verme?

EL MOLINERO.—Por no dejar sola la facienda del amo.

EL CABALLERO.—Haberte quedado tú en lugar suyo.

EL MOLINERO.—Tampoco anda buena... Cuando supo la noticia cayó con sisiones, que bien creímos que se desgraciaba. Según sus cuentas, tócanos bautizo para el mes de Santiago.

EL CABALLERO.—Pues le dirás que venga a verme. Le aparejas la pollina con las jamulgas.

EL MOLINERO.—¡Descuide, mi amo!

EL CABALLERO.—¡Cuidado con que haga el camino a pie!

EL MOLINERO.—Descuide mi amo. La tengo yo en más estima que el rey a la reina. ¡Y que no quedó ella poco sentida de no poder venir! Para regalo del amo, púsome en las alforjas una olla de miel, porque ya decía la difunta de mi madre, que era la miel tan saludable en los labios de una herida, como en los labios de la boca.

EL CABALLERO.—Probaré la miel, para que le digas cuánto estimo su agasajo.

EL MOLINERO.—Más honrada no puede verse nuestra pobreza.

EL CABALLERO.—¡Don Galán! ¡Don Galán!

Llama con grandes voces, y sonríe con la nobleza de un príncipe que recibe los dones de sus siervos. Los ojos del molinero brillan maliciosos bajo las cejas blancas de harina: Son verdes y transparentes, como el agua del río en la presa del molino.

EL CABALLERO.—¡Don Galán! ¡Don Galán!

DON GALÁN.—¡Mande, mi amo!

EL CRIADO *responde desde el fondo del corredor. Cuando asoma le reluce la cara, y con una corteza de pan se limpia los labios.*

EL CABALLERO.—Probaré la miel que ha traído Pedro Rey.

DON GALÁN.—¡Jujú! Ya no queda miel, mi amo. Doña Sabelita mandó que la diesen a los perros, y nos la hemos repartido como buenos hermanos. Doña Sabelita no quiere regalos de esa gente, ni que ellos asomen por esta santa casa.

EL CABALLERO.—Aquí no hay más señor que yo, ni más voz que la mía. ¡Isabel!... ¡Isabel!...

DON JUAN MANUEL *espera un momento: Está pálido de cólera.* DON GALÁN *y* EL MOLINERO *se miran a hurto, con malicia villanesca. En la frente desguarnecida del viejo* MONTENEGRO *laten abultadas las venas, que dibujan sus ramos azules bajo el marfil de la piel. Se oye el menudo andar de* SABELITA. *La barragana al entrar en la alcoba, sonríe, pero en sus ojos, con huellas de lágrimas, se advierte una sombra de miedo, y bajo la sonrisa se delata el temblor de los labios.*

SABELITA.—¿Qué mandaba?

EL CABALLERO.—¡Deseo saber quién es ahora el señor de esta casa!

SABELITA.—Quien siempre lo fue.

EL CABALLERO.—¡Y siendo así, cómo hay quien amenaza con cerrar la puerta a los criados que yo más estimo!

SABELITA.—Yo no amenazo a nadie con cerrar la puerta, y hoy mismo saldré de aquí para siempre...

Su voz enronquecida suena con celosa entereza bajo el velo de las lágrimas. El hidalgo ríe con cruel y despótico desdeño.

EL CABALLERO.—¡Isabel, tú y todos haréis lo que yo mande! Pedro Rey, dirás a tu mujer que venga a verme mañana, y que os perdono la renta de este año. Isabel, sírvenos un jarro del mejor vino, que quiero que beba conmigo Pedro Rey.

SABELITA *se aleja ahogándose con un sollozo que apenas puede reprimir.* MICAELA LA ROJA *entra un momento después con el jarro, del cual desborda la roja espuma del vino.*

EL CABALLERO.—No es a ti a quien dije que me lo sirviera.

LA ROJA.—Señor, no quiera humillar a quien por quererle, ya tanto se humilla. En unas andas había de alzarla, para que la viesen todos. Aunque todos no la verían, que los ojos traidores se arrastran por la tierra como los alacranes, y no pueden mirar a la verdad. ¡La verdad, ciega como la luz! ¡Allí donde no esté aquella santa, que es mi ama por ley de la Iglesia, está esa cordera, que le quiere, y no mira como otras empobrecerle! ¡Ay, mi rey, no incline las orejas a palabras mentirosas que esconden mucho engaño, y la hiel debajo de la miel!

EL CABALLERO.—Sírvele vino a Pedro Rey.

PEDRO REY.—¡A la salud del noble caballero que me lo ofrece, y de hoy en un año torne a catarlo en su noble presencia!

EL CABALLERO.—Ahora, vete.

DON GALÁN.—Hasta dentro de un año, Pedro Rey.

PEDRO REY.—Quede mi amo muy dichoso.

Sale, y con carnavalesca cortesía, le acompaña DON GALÁN. EL CABALLERO *queda pensativo, con una lágrima en el fondo de sus ojos cavados.*

EL CABALLERO.—Roja, sólo me rodean ingratos y traidores. ¿Crees que no leo en el corazón de esa gente? ¡Todos desean mi muerte, y mis hijos los primeros! Esos malvados que engendré para mi afrenta convertirán en una cueva de ladrones esta casa de mis abuelos. ¡Conmigo se va el último caballero de mi sangre, y contigo la lealtad de los viejos criados!

LA ROJA.—Mi rey, que la hora de la muerte nos coja a todos limpios de pecado. No maldiga de aquellos a quienes dio la vida. En la mocedad nunca se conoce todo el mal que se hace a los viejos, y hay que mirar con indulgencia las faltas de esa edad.

EL CABALLERO.—¡Roja, tú sabes como yo, quiénes fueron los que aquella noche me ataron para robarme!

LA ROJA.—No tenga malos pensamientos, señor. Mire que muchas veces el enemigo nos engaña asina, para condenar nuestra alma.

EL CABALLERO.—Yo he conocido al que venía enmascarado.

LA ROJA.—¿Y porque pensó conocer a uno, ya los culpa a todos? ¡Ángeles míos! ¿Cómo habían de ser capaces de una maldad tan grande?

EL CABALLERO.—¿Tú no has conocido a ninguno?

LA ROJA.—A ninguno, y de tan mal pensamiento líbreme Dios Nuestro Señor.

EL CABALLERO.—¿Los has visto después?

LA ROJA.—Todos los días me topo con Carita de Plata, que me pide las nuevas.

EL CABALLERO.—Le habrás dicho que no me muero por ahora, que no heredarán de mí más que piedras, que si traspasan los umbrales de esta casa, he de matarles y cavarles la sepultura en el zaguán.

LA ROJA.—¡Mi amo, no se atormente! ¡No sueñe! ¡No condene su alma, que la está condenando y metiendo en los Infiernos con estas malas ideas! Son sus hijos y asina yo he de respetarlos porque en una parte son mis amos, y ustede, porque son los retoños de su sangre.

EL CABALLERO *y la vieja quedan un momento silenciosos. Después el hidalgo con mano temblona requiere el jarro, y llena el vaso en la devota resolución de ahogar con vino sus pesares.*

ESCENA CUARTA

Sobre verdes prados el molino de PEDRO REY. *Delante de la puerta una parra sostenida en poyos de piedra. Los juveniles pámpanos parecen adquirir nueva gracia en contraste con los brazos de la vid centenaria, y sobre aquellas piedras de una tosquedad céltica. Vuelan los gorriones en bandadas, y en lo alto de la higuera abre los brazos el espantajo grotesco de una vieja vestida de harapos, con la rueca en la cintura, y en la diestra, a guisa de huso, el cuerno de una cabra. Sentada a la sombra del emparrado está la molinera, fresca y encendida como las cerezas de Santa María de Meis.* LIBERATA LA BLANCA *bate en un cuenco la nata de la leche, y en la rosa de los labios tiene la rosa de un cantar. Por el fondo de la era asoma un caballero cazador: Es el primogénito del* MAYORAZGO: *Se llama* DON PEDRITO.

LIBERATA.—¡Vexo Cangas, vexo Vigo,
tamen vexo Redondela!...
¡Vexo a Ponte de San Payo,
camiño de miña terra!

DON PEDRITO.—¡Buena vista tienes, zorra parda!

LIBERATA.—¡Asús!... A ustede no lo había visto.

DON PEDRITO.—¿Y el cabrón de tu marido?

LIBERATA.—¡Qué guisa de hablar para un caballero!

DON PEDRITO.—¿Es cierto que está muy mal herido mi padre?

LIBERATA.—Esa nueva trajo Don Galán.

DON PEDRITO.—¿Tú no lo has visto?

LIBERATA.—No, señor. Que me crea, que no, caí enferma en la cama con dolor de ijada.

DON PEDRITO.—¿Y Pedro Rey?

LIBERATA.—Hoy ha ido a la villa por ver al amo.

DON PEDRITO.—Necesito hablarle.

LIBERATA.—Pues nunca mucho puede tardar.

DON PEDRITO.—Tenéis el molino casi de balde.

LIBERATA.—¿Qué dice, señor? ¡Ave María, de balde!

DON PEDRITO.—De balde, porque doce ferrados de trigo y doce de maíz no son renta. ¡Y eso cuando la pagáis!

LIBERATA.—Será porque el amo nos la perdona. ¡Ave María, de balde un molino que la mitad del año solamente tiene agua para una piedra! ¡Las otras dos es milagro que muelan pasado San Juan!

DON PEDRITO.—Hoy me parece que muelen todas.

LIBERATA.—Porque tenemos el agua de los riegos.

DON PEDRITO.—Pues como la mitad del año solamente muele la piedra del maíz y no da para la renta que pagáis, yo vengo a libraros de esa carga.

LIBERATA.—¿Qué dice, señor?

DON PEDRITO.—¡Eso!... Que dejéis por buenas el molino.

DON PEDRITO *se pone en pie, mira en torno y ríe con risa de lobo. La molinera, que siente miedo, también vuelve los ojos al camino, y el camino está solitario.* LIBERATA *quiere levantarse y entrar en la casa.*

DON PEDRITO.—Vuelve a sentarte, Liberata la Blanca.

LIBERATA.—Iba por unos higos para ofrecérselos. Los hemos cogido esta mañana y algo verdes están, pero los pardales no dejaban uno.

DON PEDRITO.—Buen maestro tienen en Pedro Rey.

LIBERATA.—¿Quiere que le ordeñe la vaca?

DON PEDRITO.—Quiero que vuelvas a sentarte, zorra parda.

LIBERATA.—No se enoje por eso.

DON PEDRITO.—Es preciso que me paguéis a mí la renta que mi padre no cobra, y si no podéis pagarla, que dejéis el molino.

LIBERATA.—¿Viene con licencia del amo?

DON PEDRITO.—Yo de nadie necesito licencia... O me pagáis a mí cien ferrados de maíz, que toda la vida rentó el molino, o mañana mismo lo dejáis al casero que antaño lo llevaba.

LIBERATA.—¡Cómo se conoce que tiene dos hijas mozas el señor Juan de Vermo!

DON PEDRITO.—Pero para que se acuesten conmigo no se requiere que duerma debajo de la cama ningún cabrón.

LIBERATA.—¡Si lo dice por mí, sepa que tengo mucha honradez, y que sólo mi marido me calienta las piernas en la cama! ¡Más honradez que las hijas del de Vermo!

DON PEDRITO.—Voy a meterte en el podrido bandullo un puñado de munición lobera.

DON PEDRITO *requiere la escopeta, y la molinera, dando voces, pretende huir a esconderse en la casa. No puede conseguirlo, y medrosa vuelve los ojos a la vereda. Un zagal, en la orilla del río, da de beber a sus vacas, y la molinera clama con más ahínco en demanda de socorro. El zagal, puesta sobre las cejas una mano, otea hacia el molino encaramado en una barda, y después se aleja con sus dos vacas, hilando agua de los hocicos, sin dejarlas que acaben de beber.* DON PEDRITO, *sonriente y cruel, con una expresión que evoca el recuerdo del viejo linajudo, azuza a sus alanos, que se arrojan sobre la molinera y le desgarran a dentelladas el vestido, dejándola desnuda.* LIBERATA, *dando gritos, huye bajo el emparrado, y su carne tiene un estremecimiento tentador entre los jirones de la basquiña. Con los ojos extraviados se sube a un poyo para defenderse de los canes que se alzan de manos aulladores y saltantes, arregañados los dientes feroces y albos. Hilos de roja sangre corren por las ágiles piernas, que palpitan entre los jirones. Bajo la vid centenaria revive el encanto de las epopeyas primitivas, que cantan la sangre, la violación y la fuerza.* LIBERATA LA BLANCA *suplica y llora. El primogénito siente con un numen profético el alma de los viejos versos que oyeron los héroes en las viejas lenguas, llegando a donde la molinera, le ciñe los brazos, la derriba y la posee. Después de gozarla la ata a un poyo de la parra con los jirones que aún restan de la basquiña, y se aleja silbándole a sus perros.*

ESCENA QUINTA

La velada en el molino. Hay viejos que platican doctorales a la luz del candil, que cuelga de una viga ahumada, y mozos que tientan a las mozas en el fondo oscuro, sobre el heno oloroso. En medio de la algazara la molinera plañe sus males en suspiros, y una abuena curandera, cerca de la lumbre, atiende al hervor del vino con romero, mientras adoba las yerbas del monte que tienen virtud para curar el mal de ojo a las preñadas.

LIBERATA.—¡Cuitada de mí!

LA CURANDERA.—Ten paciencia, Liberata.

LIBERATA.—¡Ni moverme puedo!

UN MOZO.—Tiene malas entrañas ese Don Pedrito.

UNA VIEJA.—¡Más negras que el luto de mi alma!

UNA MOZA.—El año pasado, por el tiempo de la siega, lo topé anochecido al cruzar los esteros, y vino corriendo tras de mí hasta cerca de la iglesia.

LIBERATA.—¡Suerte que no te alcanzó!

UN MOZO.—No correría mucho.

UN VIEJO.—Como era anochecido buscaba compaña. Juntos os quitabais mejor el miedo.

LA CURANDERA.—Pues los otros hermanos no son mejores que Don Pedrito.

EL MOLINERO.—¡Caínes todos!

LIBERATA.—¡Inda peores!

EL MOLINERO.—Por la villa se pregona que son ellos quienes quisieron robar en el Palacio.

LIBERATA.—¡Dónde se ha visto los hijos contra los padres!

UNA VIEJA.—¡Dan dolor esos ejemplos en familias de tanto linaje! ¡Cómo se acaban las noblezas! ¡Ay, si hubieseis conocido al abuelo Don Ramón María! ¡Era el primer caballero de estos contornos, un caballero de aquellos que ya no quedan!

EL MOLINERO.—¿En dónde dejáis a mi amo? ¿Hay otro que lleve su vara más derecha lo mismo con ricos que con pobres? ¿Hay puerta de más caridad que la suya?

UN VIEJO.—En esa comparanza inda gana al padre y al abuelo. Las puertas del rey no son más caritativas. Recuérdome un año, por la fiesta, que mandó dar de beber y comer a todos los rapaces que bailaren. Yo era rapaz entonces.

UN MOZO.—¿Y con las rapazas qué hizo?

UNA MOZA.—Eso no se cuenta.

La fragancia del vino que hierve con el romero se difunde por la corte como un bálsamo oloroso y rústico, de aldeanos y pastores que guardasen la tradición de una edad remota, crédula y feliz. Si alguna moza se duerme en la vela, luego la tienta un mozo parletano. Entre el reír de los viejos y el rosmar de las viejas, las manos atrevidas huronean bajo las haldas. LA CURANDERA *sopla el hervor que levanta el vino, y en medio de la algazara plañe siempre sus males* LIBERATA LA BLANCA.

LIBERATA.—¡Maldecidos sean el amo y los canes!

LA CURANDERA.—Maldice del amo, pero no de los canes, que tienen la bendición de Dios Nuestro Señor.

UNA VIEJA.—O maldice tan sólo de sus dientes.

LA CURANDERA.—De todos los animales, solamente los canes tienen saludable la saliva. Cuando Nuestro Señor Jesucristo andaba por el mundo, sucedió que cierto día, después de una jornada muy larga por caminos de monte, se le abrieron en los pies las heridas del clavo de la cruz. A un lado del camino estaba el palacio de un rico, que se llamaba Centurión. Nuestro Señor pidió allí una sed de agua, y el rico, como era gentil, que viene a ser talmente como moro, mandó a unos criados negros que le echasen los perros, y él lo miraba desde su balcón holgándose con las mozas que tenía. Pero los canes, lejos de morder, lamieron los divinos pies, poniendo un gran frescor en las heridas. Nuestro Señor entonces los bendijo, y por eso denantes vos decía que entre cuantos animales hay en el mundo los solos que tienen en la lengua virtud de curar son los canes. Los demás: Lobos, jabalises, lagartos, todos emponzoñan.

UN MOZO.—¿Los lobos también?

LA CURANDERA.—Los lobos, al que muerden le infunden su ser bravío. Solamente los canes tienen la bendición de Dios Nuestro Señor.

LIBERATA.—¡Pues maldecidos sean sus dientes! Tengo atarazadas las piernas, que no puedo moverme.

LA CURANDERA.—Si conforme eran sabuesos fuesen lobicanes, inda su dentallada sería peor. Como son los lobicanes hijos de cadela y lobo, no tienen en su saliva ni saña ni virtud, porque las dos sangres, al juntarse, se pelean, y sucede que pierden las dos.

UN VIEJO.—Veces hay también en que los cachorros siguen el instinto de uno solo de los padres, tal como acontece con nosotros los cristianos.

UNA VIEJA.—Tengo oído, que también sucede por veces heredar aquella condición de la leche que se mama, y no de la sangre. Yo tuve una nieta criada por una cabra, y no he visto en los días de mi vida criatura a quien más le tirase andar por los altos.

LA CURANDERA.—¿Y no habéis reparado cómo los mismos lobicanes, algunas lunas, parecen más feroces?

EL MOLINERO.—¡Sí que lo tengo reparado en casa de mi amo!

LA CURANDERA.—Pues esa luna se corresponde con aquella en que fueron engendrados, y sienten despertarse su ser bravío como un ramo de locura. Y si por acaso muerden en esa sazón, talmente como los lobos. Pero hay muchos que ignoran aquesto, y al ver cómo se encona la herida, lo atribuyen a humores de la persona.

EL MOLINERO.—Por donde conviene saber el remedio para todas las cosas.

LA CURANDERA.—No hay mal en el mundo que no tenga su medicina en una yerba.

UN VIEJO.—Eso decían los antiguos. Y los moros conocen esos remedios.

LA CURANDERA.—Los moros más conocen los venenos y las yerbas que hacen dormir.

La luna se levanta sobre los pinares y blanquea en la puerta del molino, donde mozas y mozos divierten la vela con cuentos de ladrones, de duendes y de ánimas. En los agros vecinos ladran los perros, como si vagasen en la noche los fantasmas de aquellos cuentos aldeanos, y volasen en el claro de luna las brujas sobre sus escobas.

ESCENA SEXTA

Un mar tranquilo de ría, y un galeón que navega con nordeste fresco. Viana del Prior, la vieja villa feudal, se espeja en las aguas. A lo lejos se perfilan inmóviles algunas barcas pescadoras. Son vísperas de feria en la villa, y sobre la cubierta del galeón se agrupan chalanes y boyeros que acuden con sus ganados. Las yuntas de bueyes, las cabras merinas y los asnos rebullen bajo la escotilla y topan por asomar sobre la borda sus grandes ojos tristes y mareados.

UN MARINERO.—Vamos a tener virazón.

OTRO MARINERO.—Gaviotas por tierra, viento sur a la vela.

EL PATRÓN.—Nunca salió mentira.

Los chalanes, cuando no comentan los lances de otras ferias, comentan las hazañas de un famoso bandido. Son tres los chalanes: MANUEL TOVÍO, MANUEL FONSECA *y* PEDRO ABUÍN.

MANUEL TOVÍO.—De esta vez anduvo equivocado Juan Quinto. Pensó que era lo mismo entrar a robar en la casa de un cura que en la casa de Don Juan Manuel. ¡Con un puñal a la garganta reíase el Mayorazgo sin declarar dónde tenía los dineros!

PEDRO ABUÍN.—Y dicen que Juan Quinto, viéndole tan valeroso, mandó que le desatasen y le pidió perdón.

MANUEL TOVÍO.—Decir lo dicen, pero es mentira.

MANUEL FONSECA.—También se cuenta que Don Juan Manuel le recordó cómo en una ocasión le había sacado de la cárcel, y que entonces mandó desatarle Juan Quinto.

MANUEL TOVÍO.—Lo cierto nadie lo sabe. ¡Dícense tantas cosas!...

MANUEL FONSECA.—Cuidad que nos tiene fijos los ojos Doña María.

El chalán indica con el gesto a una señora pálida y triste, con hábito franciscano, que se halla sentada a la sombra del foque. Después los tres chalanes siguen hablando en voz baja, y alguna vez tercia en la plática un clérigo de aldea.

UN LAÑADOR.—Veremos cómo se presenta la feria.

UNA CRIBERA.—Para ti, como para mí, todas las ferias vienen a ser iguales. De pobres nunca pasamos.

UNA CINTERA.—¡Gracias a que no falte un pedazo de pan!... Ya estamos llegando a Viana del Prior. Trujimos un viaje de damas, mas temo la vuelta.

El galeón navega en bolina. Se oye el crujir marinero de las cuadernas, se ciernen las gaviotas sobre los mástiles, y quiebran el espejo de las aguas, dando tumbos, los delfines. Por la banda de babor entra un salsero de espuma, y la señora del hábito franciscano reza. Un viejo mendicante, que pide para las ánimas, se levanta, exhortando a dar para una misa.

EL PATRÓN.—No haya temor, Doña María.

EL MENDICANTE.—Vosotros siempre decís que no haya temor, y la otra feria faltó poco para que todos pereciéramos.

EL PATRÓN.—Faltó lo mismo que ahora.

La señora, sin interrumpir el rezo, sonríe con amable melancolía, y da limosna al viejo. Se advierte que su pensamiento está muy distante. El galeón da fondo en la bahía y los marineros que lo tripulan hablan a voces con un viejo patriano de gorro catalán y sotabarba, que sentado en una peña recoge sus aparejos de pesca. La señora desembarca y desaparece a lo largo del arenal acompañada del clérigo de aldea.

EL CAPELLÁN.—¿Nadie tiene noticias de nuestra llegada?
DOÑA MARÍA.—Nadie.
EL CAPELLÁN.—¡Y esa mujer continuará en la casa!...
DOÑA MARÍA.—Dios Nuestro Señor aceptará este sacrificio de mi orgullo, en descargo de mis pecados.

Entran en la iglesia. Su atrio de tumbas y de cipreses, llega hasta la orilla del mar. Un mendigo con esclavina adornada de conchas y luenga barba, pide limosna en el cancel: Parece resucitar la devoción penitente del tiempo antiguo, y ser un hermano de los santos esculpidos en el pórtico.

ESCENA SÉPTIMA

Una sala grande, apenas alumbrada por un velón. EL MAYORAZGO *está sentado a la mesa: Cena con apetito y bebe con largura. El recado es de plata antigua, y los manteles son de lino casero, con una cenefa roja como el vino de la Azuela. Al otro extremo de la estancia, enfrente del hidalgo y sentado en el suelo, está el bufón.*

EL CABALLERO.—¿Has bajado a la villa?
DON GALÁN.—No, mi amo.
EL CABALLERO.—¿Pues no sabes que es tu obligación divertirme, en tanto ceno, con las historias que corren por ella?
DON GALÁN.—¡Jujú!... Si no bajé a la villa fue porque la villa subió a la casona, mi amo.
EL CABALLERO.—¿Qué dices, imbécil?
DON GALÁN.—La verdad, mi amo. Estuvieron a entregarme unos calzones remendados dos señoras principesas que son hermanas mías. ¡Y cosa que no sepan María la Gazula y Juana la Visoja, nadie lo sabe en la villa! Y no lo digo por honrar mi sangre, que solamente son hermanas por parte de padre, sino por honrar a la verdad.
EL CABALLERO.—¿Y qué cuentan esas princesas?

DON GALÁN.—Ellas no cuentan nada... Las pobres almas dicen lo que oyen... Parece que al venir se han cruzado con uno de los hijos de mi amo, que caminaba cojeando.

EL CABALLERO.—¿Cuál de ellos?

DON GALÁN.—Don Pedrito.

EL CABALLERO.—¿Se sabe por qué cojea?

DON GALÁN.—Será por no andar derecho. Él dice que le coceó un caballo, y otros dicen que tiene un tiro en una pierna, y aun murmuran que le cura en secreto Andrea la Cirujana.

EL CABALLERO *descarga un puñetazo sobre la mesa. El bufón da un salto, fingiendo un susto grotesco, y se pone a temblar con la lengua defuera y los ojos en blanco.* EL CABALLERO *le arroja su plato a la cabeza, y el bufón, que lo atrapa en el aire, se pone a lamerlo.*

EL CABALLERO.—¡Le había reconocido! ¡Que no hubiese dejado muerto a ese hijo de Edipo!

DON GALÁN.—¿Hijo de quién, mi amo?

EL CABALLERO.—¡Del Demonio!

Se levanta del sillón y pasea de uno a otro testero con un gesto doloroso y altivo. El bufón permanece sentado en el suelo con el plato en la cabeza como otro yelmo de Mambrino.

EL CABALLERO.—¿Qué más murmuran, imbécil Don Galán?

DON GALÁN.—Que son hijos de su padre.

EL CABALLERO.—¡Mentira!

DON GALÁN.—¡Jujú!... Eso digo yo, mi amo.

EL CABALLERO.—¡Tú juegas a quedarte sin lengua!

EL CABALLERO *le hace rodar de un puntapié. El bufón se pone saliva en los ojos y finge un llanto humilde.*

DON GALÁN.—¡Dios le dé salud para darme otro!

EL CABALLERO.—Continúa tus historias, imbécil Don Galán.

DON GALÁN.—Estoy con la alferecía. Míreme temblar. Tomé un gran susto con las amenazas de mi amo. Sepa, mi amo, que jamás volveré a decir una palabra. No quiero jugar a quedarme sin esta mala mujer desnuda.

Con un guiño de picardía se coge la lengua y la saca un palmo fuera de la boca. DON JUAN MANUEL *le arroja un hueso, y ríe con una risa de mofa soberana y cruel. El bufón, con aquella manera grotesca de imitar a los perros, que tanto divierte al hidalgo cazador, se aplica a roerle.*

EL CABALLERO.—Basta de truhanerías. ¿Por qué no viene a servirme mi ahijada?
DON GALÁN.—Estará llorando en algún rincón.
EL CABALLERO.—¡Isabel! ¡Isabel!
UN ECO.—¡Sabeeel!... ¡Sabeeel!

La barragana asoma en la puerta, una nube de tristeza vela sus ojos, ojos de niña y de devota, que tienen algo de flor.

SABELITA.—¿Quién me ha llamado?
EL CABALLERO.—Yo te llamé. ¿Ya no conoces mi voz, Isabel? Si quieres servirme comeré, si no que se lo lleven todo.
SABELITA.—Soy una esclava y no puedo tener voluntad.
EL CABALLERO.—Don Galán, recoge los manteles.
DON GALÁN.—No es día de ayuno, mi amo.
SABELITA.—Nunca me negué a servirle, padriño.

SABELITA *le escancia vino en uno de esos grandes y portugueses vasos de cristal tallado, donde en otro tiempo bebían los frailes y los hidalgos el agrio zumo de los parrales.* DON GALÁN, *debajo de la mesa, rebaña los platos, y el viejo linajudo ríe con ruidosas risas.*

DON GALÁN.—Mi amo, ahora podemos beber sin miedo a caernos. ¡Cátanos ya acostados!

EL CABALLERO.—¡Calla, imbécil!

DON GALÁN.—¡Jujú! Nueve vasos van, mi amo, y ésa no es ley de Dios. ¡Don Galán apenas lleva uno!

EL CABALLERO.—¿No has dicho que tenía el vino punta de vinagre?

DON GALÁN.—Eso fue ayer, que hoy parecióme de regalía. ¡Talmente que sabe a fresas!

EL CABALLERO.—A vino, necio.

DON GALÁN.—Ayer engañéme por catarlo en el vaso de Pedro Rey. ¡Otra gota, mi amo, por el alma de sus difuntos!

EL CABALLERO.—No quiero verte borracho, Don Galán.

DON GALÁN.—¡Vaya un escrúpulo!

EL CABALLERO.—Si te emborrachas, mandaré que te metan de cabeza en el pozo.

DON GALÁN.—¡Jujú! Como cuando hay sequía, al glorioso San Pedro.

De esta suerte se desenvuelve el coloquio de amo y criado, mientras una nube de tristeza cubre los amorosos ojos de SABELITA. *La barragana ha palidecido al oír el murmullo de dos voces que hablan en el corredor, ante la puerta. Con los ojos angustiados retrocede hasta el fondo de la estancia: Casi al mismo tiempo una mano llena de arrugas alza el cortinón y la vieja criada asoma llorosa.*

LA ROJA.—Mi amo, que viene a verle la señora mi ama.

SABELITA.—¡Doña María aquí!

DON GALÁN.—¡Jujú!

DON JUAN MANUEL, *ensombrecido de pronto, le impone silencio con gesto de imperiosa cólera. Una señora, todavía hermosa, pero encorvada, aparece en la puerta, donde se detiene un momento enjugándose los ojos.* EL MAYORAZGO, *repuesto de la sorpresa, posa el vaso sobre los manteles con arrogante golpe, y alza la voz, siempre soberana y magnífica.*

EL CABALLERO.—¡Sea bien venida mi santa y noble compañera Doña María de la Soledad Ponte de Andrade!

DOÑA MARÍA.—Me habían dicho que estabas moribundo, y por eso he venido...

EL CABALLERO.—Debía estarlo, pero yo tengo siete vidas como los gatos monteses.

DOÑA MARÍA.—¡Nunca le agradecerás a Dios!...

EL CABALLERO.—¡Ciertamente! ¡Ciertamente!

El viejo hidalgo asiente con gravedad burlona, agitando la blanca cabellera, y la señora adelanta algunos pasos seguida de un clérigo de aldea, a quien tiene en su casa como capellán. DON JUAN MANUEL *la contempla con una llama de irónico y compasivo afecto en los ojos.* SABELITA *permanece retirada en el fondo.* DOÑA MARÍA, *con noble señorío, simula no reparar en ella.*

DOÑA MARÍA.—Yo también estuve enferma: Creo que a la muerte... Pero tú no has sabido el camino para ir a verme.

EL CABALLERO.—No me atreví... ¡Te había ofendido tanto!

DOÑA MARÍA.—¡Y olvidaste que yo te perdoné siempre!

DON JUAN MANUEL *se cubre los ojos con un ademán trágico aprendido allá en sus mocedades románticas, y la resignada señora le mira con ternura, como miran las abuelas a los niños cuando mienten para ocultar sus travesuras. Al mismo tiempo sonríe con sonrisa delicada y triste, que a su boca marchita le da todavía un encanto de juventud.*

EL CABALLERO.—María Soledad, yo podré no creer en Dios...

DOÑA MARÍA.—¡No blasfemes!

EL CABALLERO.—Pero debo creer que hay santos en la tierra.

DOÑA MARÍA.—¡Calla! Ya veo que por esta vez no te mueres... Y puesto que he venido, no me iré sin hablarte como si fuese yo la que hubiese de morir.

EL CABALLERO.—Sé de lo que quieres hablarme, María Soledad.

Hay un largo silencio. La barragana, con los ojos llorosos, alza los manteles: Siente una angustia que le llena el alma en presencia de aquella señora envejecida y resignada, que tiene la sonrisa más triste que las lágrimas, y los ojos cansados de llorar las mismas penas de amor que ella llora. EL CABALLERO, *después de apurar el último vaso, acuesta la cabeza en el respaldo del sillón y entorna los párpados con ese grato desvanecimiento que producen los vapores del vino. La esposa y la barragana le contemplan con la mirada triste de sus ojos amantes. Después salen con leve andar, y en la puerta, sin hablarse, se separan.* EL CABALLERO *ronca.*

JORNADA TERCERA

ESCENA PRIMERA

Todos los criados están reunidos en la gran cocina del caserón. En el hogar arde un alegre fuego que pone un reflejo temblador y rojizo sobre aquellos rostros aldeanos tostados en las sementeras y en las vendimias. Bajo la ancha campana de la chimenea, que cobija el hogar y los escaños donde los criados se sientan, alárganse las lenguas de la llama como para oír las voces fabulosas del viento. Es una chimenea de piedra, que recuerda esos cuentos campesinos y grotescos de las brujas que se escurren por la gramallera abajo, y de los trasgos patizambos que cabalgan sobre los varales donde cuelgan las morcillas puestas al humo. Sentados en torno del hogar, los criados dan fin a los cuencos de la fabada y sorben las últimas berzas pegadas a las cucharas de boj. Los criados son cinco: ANDREÍÑA, *una vieja que entró a servir a los difuntos señores;* DON GALÁN, *el bufón del* CABALLERO; JUANA LA MANCHADA, *que sabe los guisos escritos en las rancias recetas de las monjas;* BIEITO, *el rapaz de las vacas, y* ROSALVA, *la rapaza que sirve en la casona, por el yantar y el vestido. Hablan en voz baja.*

DON GALÁN.—Pues yo vos digo que nunca muchos días está con el amo Misia María.

LA MANCHADA.—¿Por qué entonces se fue Doña Sabelita?

ROSALVA.—El amo, agora, querrá vivir como un buen cristiano con nuestra ama Doña María.

DON GALÁN.—¡Jujú! Ya vos digo que nunca tres días están juntos. ¡Luego veréis la reina que nos da! Sois nuevos en la casa, y no se os alcanza que agora sucederá lo que tantas veces. Fuese Doña Sabelita, pero no estará mucho tiempo mi amo sin traer otra moza para que le espante las moscas mientras duerme. ¡Jujú!... ¡Podría ser que ya viniese por el camino!

LA MANCHADA.—Tú la conoces, gran raposo.

DON GALÁN.—¡Y todos la conocéis!

BIEITO.—¡Mi alma! Pues yo vos digo que para no vivir cristianamente con el alma, bien se estaba con Doña Sabelita.

LA MANCHADA.—Yo sé quién tú dices, Don Galán.

ANDREÍÑA.—Y todos lo sabemos. Habláis por Liberata la Blanca. Pues yo desde agora vos juro que me iré de la casa, si aquí viene a mandar la mujer de Pedro Rey. ¡Siquiera Doña Sabelita era una señora principal!

DON GALÁN.—Lávate las piernas, Rosalva, que todavía has de ser aquí la reina.

ROSALVA.—Yo no quiero condenar mi alma.

DON GALÁN.—Como habría de licenciarte antes de la hora de tu muerte, tiempo te quedaba para arrepentirte.

ROSALVA.—¡Cuántas burlerías sabes, Don Galán!

DON GALÁN.—¡Jujú!

ANDREÍÑA.—No hagas caso, rapaza. Dile que para tanta suerte precisábase que él casase contigo, pues tiene buena labia para feriarte, como hace con su mujer Pedro Rey.

DON GALÁN.—¿Has oído, Rosalva? Así no sufrías sonrojo, si tenías indigestión de huesos. A todo estaba Don Galán.

ROSALVA.—Que te doy con el cuenco.

DON GALÁN.—No te enciendas, paloma.

ANDREÍÑA.—Deja a la rapaza, Don Galán.

DON GALÁN.—¡Así la deje Dios!

BIEITO.—Yo vide poco hace a Doña Sabelita. La topé en el atrio de la iglesia. ¡Mas no cuidaba mi alma que se caminase de la casa!

LA MANCHADA.—¡Mirad ahí, una señora tan principal perdida por el amor de un hombre!

ANDREÍÑA.—¡Ni sus mismas familias querían oír de ella!

ROSALVA.—¡Y desprecios que le hacían los señores de su clase!

DON GALÁN.—¡Pues ya quisierais vosotras tener su suerte!

ANDREÍÑA.—¡Cativa suerte!

DON GALÁN.—No habéis visto qué piernas tiene, y qué brazos más torneados, y qué pechos más blancos. ¡Jujú!... ¡Y qué buena para ama de un canónigo!

ANDREÍÑA.—¡Calla, desvergonzado!

DON GALÁN.—Lo que vos digo. Más pronto habrá de topar ella acomodo que cualquiera de vosotros, si un día el amo nos despide.

LA MANCHADA.—¡Eso es verdad! Mas a mí se me figura que no la echa el amo, sino que ella se huye por no ver que otra le roba su sitio.

DON GALÁN.—Bien podrá ser.

ANDREÍÑA.—¡Cómo ciega el enemigo a las pobres mujeres!

DON GALÁN.—¡Jujú!... A los hombres había de cegar, para que pecasen contigo, Andreíña.

Los criados ríen con alborozo. Se oye la voz del CABALLERO *que llama pidiendo la cena.* JUANA LA MANCHADA *arrima unas trébedes al fuego, y después las criadas hablan de una vaca que, en la montaña, parió un choto con dos cabezas.*

ESCENA SEGUNDA

Las dos de la tarde, clásica hora de la siesta, están sonando en el reloj de la Colegiata. DON AMBROSIO MALVIDO, *el escribano, llega en una mula ante el portón de la casa infanzona, y se apea ayudado por* EL ALGUACIL, *que lleva toda la mañana esperándole en el zaguán. Juntos suben la ancha es-*

calera de piedra: En lo alto EL ESCRIBANO *advierte que aún calza las espuelas, y se sienta a quitárselas.* EL ALGUACIL *llama con su vara.*

EL ALGUACIL.—¡Ah, de casa!

DON GALÁN.—¿Quién es?

EL ALGUACIL.—El Juzgado de Viana del Prior que viene a visitaros. ¿Cómo se halla el señor Don Juan Manuel?

DON GALÁN.—Agora descabeza un sueño. Pero no vos diré si panza arriba si panza abajo.

EL ALGUACIL.—¿Está ya valiente?

DON GALÁN.—Nunca estuvo cobarde.

EL ALGUACIL.—Avísale que viene a tomarle declaración el señor escribano Malvido.

DON GALÁN.—¡Jujú!... Esperen sentados, que ahora no está de manifiesto.

DON GALÁN *se entra por la casa y* ESCRIBANO *y* ALGUACIL *quedan esperando en aquella antesala que se abre en la cruz de dos corredores. Sobre el dintel de la puerta canta un mirlo en su jaula de cañas.* EL ESCRIBANO *se asoma a la ventana y contempla el huerto.*

EL ESCRIBANO.—¡Qué hermosas peras verdilargas!

EL ALGUACIL.—Son lo mismo que las del Priorato.

EL ESCRIBANO.—Por cierto que me has ofrecido una rama para injertar de escudete.

EL ALGUACIL.—Y lo cumpliré, mi señor Don Ambrosio.

EL ESCRIBANO.—¡Ricos frutales tiene el Mayorazgo! ¿Conoces aquellas manzanas? Son reinetas. Mira aquel otro peral.

EL ALGUACIL.—De muslo de dama: ¡Una fruta que se hace agua en la boca!

EL ESCRIBANO.—¡Ave María, qué cargado aquel ciruelo!

EL ALGUACIL.—Siempre cargan mucho las migueleñas.

EL ESCRIBANO.—No son migueleñas, son de manga de fraile.

EL ALGUACIL *vuelve a mirar haciendo tornaluz con la mano sobre los ojos, y sonríe como un filósofo. En esta sazón llega* EL MAYORAZGO. *La vieja tarima de castaño tiembla bajo su andar marcial, que parece acordarse con las cadencias de un romance caballeresco.*

EL ESCRIBANO.—Señor Don Juan Manuel, mil perdones por esta molestia.

EL CABALLERO.—Con uno solo basta, Señor Malvido.

EL ESCRIBANO.—Hágame la cortesía de cubrirse, Señor Don Juan Manuel.

EL CABALLERO.—Yo en mi casa suelo estar como me parece, Señor Malvido.

EL ESCRIBANO.—Ya sé... Ya sé...

EL CABALLERO.—Sentémonos.

EL ESCRIBANO, *un poco sofocado, saca del aforro de su levitón un tintero de asta y lo coloca sobre la mesa. Después hojea los autos y se dispone a escribir.*

EL ESCRIBANO.—¿Sin duda supondrá a lo que venimos, Señor Don Juan Manuel?

EL CABALLERO.—No supongo nada.

EL ESCRIBANO.—Pues a tomarle declaración...

EL CABALLERO.—Nada tengo que declarar.

EL ESCRIBANO.—¿No sabe, no tiene sospechas de quién le causó las heridas que le retuvieron más de siete días en la cama?

EL CABALLERO.—Son antiguas cicatrices que se han abierto ahora: Achaque de viejos.

EL ESCRIBANO.—¿De manera que se niega a declarar?...

EL CABALLERO.—Sí, me niego, señor escribano Malvido.

EL ESCRIBANO.—¡Es lástima que no quiera ayudar a la Justicia!

EL CABALLERO.—Yo me río de la justicia.

El Escribano.—La declaración de usted podría darnos mucha luz para el esclarecimiento del hecho de autor.

El Caballero.—Si yo supiese quiénes eran aquellos bandidos, no se lo contaría a usted para que se aplicase a llenar folios y más folios de papel sellado, Señor Malvido.

El Escribano.—¿Y el castigo de los culpables?

El Caballero.—Yo se lo impondría por mi mano. ¿Sabe usted lo que hizo mi séptimo abuelo el Marqués de Bradomín?

El Escribano.—No sé... Pero aquéllos eran otros tiempos.

El Caballero.—Para mí son los mismos éstos que aquéllos. El Marqués, mi abuelo, llevaba muchos años en pleito con los frailes dominicos, y un día, decidido a ponerle remate, armó a sus criados, entró a saco en el convento, mató a siete frailes que estaban en el coro, y sus cabezas las clavó sobre la puerta de esta casa. Yo, cuando oí esta historia a mi madre, que la contaba escandalizada, decidí transigir con parecidas razones todos los pleitos de mi casa. ¡Treinta y dos pleitos que teníamos!

El Escribano.—¿Y en cuántas causas criminales no se vio envuelto?

El Caballero.—¡Y cómo me he reído de ellas! Desde entonces me hice siempre justicia por mi mano, sin que el amigo me volviese ni el enemigo me acobardase. Esa otra justicia con escribanos, alguaciles y cárceles, no niego que sea una invención buena para las mujeres, para los niños y para los viejos que tienen temblonas las manos, pero Don Juan Manuel Montenegro todavía no necesita de ella.

El Escribano.—Pondremos entonces que manifiesta no haber conocido a ninguno de los que entraron en su casa, ni tener sospecha de quiénes fuesen.

El Caballero.—Ponga usted que no quiero declarar y que me basto para hacerme justicia, señor escribano Malvido.

El Escribano.—¡Pero eso no puede escribirse, Señor Don Juan Manuel!

El Caballero.—Pues si eso no puede escribirse, no se escribe nada.

Con arrogante gesto impone sobre los autos su mano descarnada, donde las venas azules parecen dibujar trágicos caminos de exaltación, de violencia y de locura. EL ESCRIBANO *y* EL ALGUACIL *se miran atemorizados.*

EL ESCRIBANO.—¡Mi persona es sagrada, señor Don Juan Manuel! Estoy en funciones y represento al juez.

EL CABALLERO.—¡Aquí el juez soy yo!

EL ESCRIBANO.—Represento al rey.

EL CABALLERO.—¡El rey soy yo!

EL ESCRIBANO.—¡Señor Don Juan Manuel!

EL CABALLERO.—¡Señor escribano Malvido!

EL ESCRIBANO.—He venido confiado en su hidalguía, sin guardias, sin testigos, sólo con el alguacil. ¡Espero que no me hará violencia!

EL ALGUACIL.—¡Considere que se compromete y nos compromete, Señor Don Juan Manuel!

EL CABALLERO.—¿Y qué razón es ésa?

EL ESCRIBANO.—¡Usted no es un hombre, Señor Don Juan Manuel!

EL CABALLERO.—¡Yo soy león! ¡Yo soy tigre!

Erguido con fiera arrogancia, desgarra los autos y arroja por la ventana aquel tradicional tintero de asta, ejecutoria del señor escribano MALVIDO. *La voz, soberana y tonante, se difunde por todo el caserón, y en los corredores halla un eco que la sigue moribundo.* EL ESCRIBANO *y* EL ALGUACIL *se retiran prudentes, como dos zorros viejos.* DON JUAN MANUEL *tiene en los ojos el resplandor de una burla que llamea como la cólera, esa burla de los tiranos, cruel, violenta y fiera. Por uno de los corredores, a las voces infanzonas, asoma el bufón con varios galgos atraillados.* DOÑA MARÍA, *seguida de su Capellán, sale del oratorio y aparece por el fondo del otro corredor.* EL CABALLERO, *erguido en mitad de la antesala, los saluda con su risa magnífica y feudal.*

EL CABALLERO.—¡Don Galán, échale los galgos a esos villanos que huyen!

DON GALÁN.—No los atraparían, que jamás persiguieron liebres tan corredoras.

EL CABALLERO.—¡Van como alma que lleva el diablo!

DON GALÁN.—¡Malo será que tornen con un ejército del rey! ¡Jujú!... Yo me esconderé dentro del horno, y mi amo andará huido otro tanto tiempo como cuando vino el escribano Acuña.

EL CABALLERO.—Eres un mal nacido, Don Galán.

DON GALÁN.—Al fin nacido de hembra, mi amo.

Llegan DOÑA MARÍA *y* EL CAPELLÁN. DOÑA MARÍA *sonríe con aquella sonrisa que a su boca marchita le da todavía un encanto de juventud. Camina despacio, y* EL CAPELLÁN *se adelanta a prevenir una silla donde descanse.*

EL CABALLERO.—¿Qué hace usted, Don Manuelito?

EL CAPELLÁN.—Para la señora...

EL CABALLERO.—Esa silla la ocupó un escribano y está condenada a la hoguera. ¡Es ley de caballería!

DON GALÁN.—Es ley para descansar en el santo suelo, si nos toman amor y dan en repetir las visitas, como antaño.

DOÑA MARÍA.—¿Por qué ha venido el escribano?

EL CABALLERO.—Por tomarme declaración.

Una nube de tristeza vela aquel rostro altivo, de aguileño perfil y ojos cavados. DOÑA MARÍA *le contempla temblando de adivinar el pensamiento que llamea en aquellos ojos.*

DOÑA MARÍA.—Tenemos que hablar, marido.

EL CABALLERO.—Sí tenemos que hablar, dueña.

DOÑA MARÍA.—Quisiera volverme hoy a mi casa.

EL CABALLERO.—No me atrevo a suplicarte que te quedes... Pero en estos momentos no sé qué necesidad siento de verte a mi lado.

DOÑA MARÍA.—¿Qué tienes, perdición?

EL CABALLERO.—No sé.

DON MANUELITO, *prudentemente, se dirige a la puerta, y la señora, con un gesto, le indica que se quede. Vuelve* EL CAPELLÁN *a sentarse pasándose el pañuelo de yerbas por la frente sudorosa.* DON GALÁN *va a echarse en el hueco de la ventana.*

DON GALÁN.—Los canes no estorban, señora ama.

DOÑA MARÍA.—Estorban cuando ladran.

EL CABALLERO.—Sal, imbécil... ¡Aquí, hijo mío, no te quieren!

Con la diestra tendida le señala la puerta, y su voz está llena de afecto paternal. DOÑA MARÍA *siente despertarse sus fueros de dama linajuda, y dirige al bufón una mirada a la vez compasiva y desdeñosa.* DON GALÁN *sale tirando de los galgos.*

DON GALÁN.—¡Anday, hermanos míos!

DOÑA MARÍA.—¡Cómo puedes tolerar tanta insolencia en un criado?

EL CABALLERO.—¡Don Galán es mi hombre de placer! ¡Y también una voz de mi conciencia!...

DOÑA MARÍA.—¡Don Galán voz de tu conciencia!

EL CABALLERO.—Don Galán, con sus burlas y sus insolencias, edifica mi alma, como Don Manuelito edifica la tuya, con sus sermones.

DOÑA MARÍA.—¡Calla, y no blasfemes, perdición!

EL CABALLERO.—No blasfemo. Uno y otro nos dicen las verdades amargas. Tu capellán las rocía con agua bendita, y mi bufón con vino.

EL CAPELLÁN.—¡Nunca pierde el humor este Don Juan Manuel!

DOÑA MARÍA.—Usted ya le conoce, Don Manuelito.

EL CABALLERO *tiene una llama de ironía en los ojos.* DOÑA MARÍA *sonríe amablemente, mirando al* CAPELLÁN *y haciéndose cruces.* DON MANUELITO *mueve la cabeza con un gesto de aldeano malicioso. Es un viejo seco y tosco, membrudo de cuerpo y velludo de manos. Lleva una sotana verdeante que al andar se le enreda en las espuelas, y un sombrero castoreño.* DON JUAN MANUEL *le estima por dos galgos muy corredores que tiene, y el clérigo estima al linajudo porque a visto muchas tierras y cuenta lances de batallas.* DON JUAN MANUEL *le interroga campanudo y burlón. Los ojos del clérigo responden ardidos y vibrantes.*

EL CABALLERO.—¿Cuándo nos echamos al campo, Don Manuelito?

EL CAPELLÁN.—¡Cuando halle cincuenta mozos de ánimo resuelto, Señor Don Juan Manuel!

EL CABALLERO.—Ya no hay hombres como nosotros, capaces de morir por una idea. Hoy los enemigos, en vez de odiarse, se dan la mano sonriendo.

EL CAPELLÁN.—¡Acabóse nuestra raza!

EL CABALLERO.—¡Así se hubiese acabado!... Pero es lo peor que degenera. ¡Yo engendré seis hijos que son seis ladrones cobardes!

DOÑA MARÍA.—¡Calla! ¡Calla por favor! ¿Quién ha podido hacerte creer una infamia como ésa?

EL CABALLERO.—Yo conocí a uno de ellos cuando me ataron las manos y la boca. ¡Malditos sean mil veces! ¡No heredarán mía ni una piedra!

DON JUAN MANUEL *está en pie: Una noble palidez tiéndese por su mejilla, y los ojos le brillan bajo el cano y tembloroso entrecejo. Su voz soberana, corre resonante por todo el caserón.* DOÑA MARÍA *y* EL CAPELLÁN *se miran llenos de incertidumbre.*

EL CAPELLÁN.—No debemos creer estas calumnias, Señor Don Juan Manuel.

EL CABALLERO.—¡No son calumnias!

DOÑA MARÍA.—¡Sí, lo son! Yo defiendo a mis hijos... Yo no he llevado monstruos en mis entrañas.

DON JUAN MANUEL *la mira, sin que se apague la llama violenta de sus ojos, puestas las manos cruzadas sobre la frente altanera y desguarnecida, que parece cobijar todas las violencias, lo mismo las del amor que las del odio. En su boca colérica asoma una sonrisa llena de tristeza y de sarcasmo.*

EL CABALLERO.—María Soledad, bien haces en cerrarle la puerta a Don Galán.

DOÑA MARÍA.—¡Te lo dijo ese monstruo!

EL CABALLERO.—¡Me lo dijo el corazón!

DOÑA MARÍA.—Yo necesito hablarte de nuestros hijos.

EL CABALLERO.—El día en que los arrojé de esta casa, los arrojé para siempre de mi corazón. Cuando vivían bajo mi techo yo cerraba los ojos, y aparentaba no advertir cómo se llevaban el trigo y el maíz de mis tierras. ¡Alguna vez no tuve para mantener a mis criados! Harto de tolerar aquel saqueo, les ofrecí alimentos fuera de mi casa, y la puerta que les cerré, han querido forzarla como ladrones. Si has venido enviada por ellos, vuelve a donde los dejastes y diles que los maldigo.

La angustiada señora levanta el rostro húmedo de lágrimas para protestar, para defender a sus hijos, pero siente que las palabras mueren sin salir de los labios, heladas por un soplo que mata su fe, y vuelve a llorar, los tristes ojos fijos en aquel a quien ama siempre, aquel que aún enciende en la dolorida vejez de su alma, una llama de juventud.

ESCENA TERCERA

Un atrio. En el fondo la Colegiata. Anochece. Al abrigo de la tapia se pasean DON ROSENDO, DON GONZALITO, DON MAURO *y*

DON FARRUQUIÑO. *Los cuatro son hijos del* MAYORAZGO. DON FARRUQUIÑO *lleva manteo y tricornio, clásica vestimenta que aún conservan los seminaristas en Viana del Prior.*

DON GONZALITO.—¡Tengo ansiedad por saber!...

DON MAURO.—Yo, ninguna.

DON GONZALITO.—¿Conseguirá mi madre convencer al viejo?

DON MAURO.—No lo espero.

DON FARRUQUIÑO.—Grande es el poder de la elocuencia, hermanos míos. Doña María sacará el Cristo.

DON MAURO.—No creo en los milagros. Tengo por seguro que nos quedaremos como estamos.

DON GONZALITO.—Si eso piensas, te lo callas.

DON MAURO.—Sería preciso que alguien me pusiese la mano en la boca, y aún no ha nacido.

DON GONZALITO.—La mano no, pero el puño...

DON MAURO.—Ni la mano, ni el puño, ni el aire. Yo digo aquello que mejor me parece, y quien no guste de oírlo se camina a otra parte.

DON ROSENDO.—Tengamos paz.

DON FARRUQUIÑO.—Paz y concordia entre los príncipes cristianos.

Los cuatro hermanos dan algunos paseos en silencio. DON MAURO *es alto, cenceño, apuesto. Tiene los ojos duros y el corvar de la nariz soberbio. Sus palabras son siempre breves, y hay en ellas tal ánimo imperioso, que sin hacerse amar se hace obedecer. Los cuatro hermanos se parecen.*

DON GONZALITO.—El Capellán quedó en traer noticias de lo que hubiese.

DON ROSENDO.—¿Con quién habló?

DON GONZALITO.—Conmigo. Nos citamos aquí.

DON ROSENDO.—¿A qué hora?

DON GONZALITO.—Al anochecer.

Jinete en un caballo montaraz, de lanudo pelaje y enmarañada crin, entra en el atrio otro hijo del MAYORAZGO: *Se llama* DON MIGUEL, *y, por la hermosura de su rostro, en la villa y toda su tierra le dicen* CARA DE PLATA. *Jugador y mujeriego, vive todavía en mayor pobreza que sus hermanos, y tan cargado de deudas, que, para huir la persecución de sus acreedores, anda siempre a caballo por las calles de Viana del Prior. Pero aun en la estrechez a que sus devociones le han llevado, acierta siempre a mostrar un ánimo caballeroso y liberal.*

CARA DE PLATA.—¿Qué noticias?

DON MAURO.—Pleito perdido.

DON GONZALITO.—Todavía no.

EL CAPELLÁN.—Mañana se decidirá.

CARA DE PLATA.—Yo le cedo mi herencia al que hoy me entregue una onza.

DON GONZALITO.—¿Tú también desconfías?

CARA DE PLATA.—Yo, ni confío ni desconfío. Esta noche compro una cuerda y me ahorco.

DON FARRUQUIÑO.—¡Feliz tú que aún tienes para comprar la cuerda!

CARA DE PLATA.—O no compro la cuerda, y me ahorco con las riendas del caballo.

DON FARRUQUIÑO.—Tengo una empresa que proponerte.

CARA DE PLATA.—¿Hay dinero de por medio?

DON FARRUQUIÑO.—Una onza para los dos.

CARA DE PLATA.—¿Cuándo se cobra?

DON FARRUQUIÑO.—Ten paciencia, hermano. Ya hablaremos.

CARA DE PLATA.—¿A qué hora te cierran el Seminario?

DON FARRUQUIÑO.—A las ocho... Pero a las nueve salgo por una ventana.

CARA DE PLATA.—Entonces, la noche que quieras nos vemos en casa de la Pichona. Si no he llegado, espérame. Por allí asoma un judío a quien le debo dinero. ¡Adiós!

Volviendo grupas hinca las espuelas al caballo y sale al galope, atropellando a un viejo con antiparras y sombrero de copa, que camina apoyado en una caña de Indias.

CARA DE PLATA.—¡Apártese a un lado, mi querido señor Ginero! ¡Este maldito caballo tiene la boca de hierro! ¡No puedo detenerle!...

EL SEÑOR GINERO.—¡Un rayo te parta, hijo de Faraón! ¡Como me has dejado sin dinero quieres dejarme sin vida! ¡Ni aun respetas mis canas! ¡Tramposo!

DON ROSENDO.—Cuidado con lo que se dice, señor Ginero.

EL SEÑOR GINERO.—¿No ha visto cómo he sido atropellado?

DON FARRUQUIÑO.—¿Quién le atropelló? El caballo. Pues maldiga del caballo, señor Ginero.

EL SEÑOR GINERO.—¡No cobraré nunca lo que me debe!

DON MAURO.—¿Para qué lo necesita usted, estando con los pies para la cueva?

EL SEÑOR GINERO.—¡Aún he de enterrar a muchos que son jóvenes!

DON FARRUQUIÑO.—Yo tengo el espíritu profético, señor Ginero. Usted morirá bajo el caballo de mi hermano, como un moro bajo el caballo del Apóstol.

EL SEÑOR GINERO.—¡Yo soy cristiano viejo, y aunque no tenga escudo soy hidalgo!... ¡He perdido mi dinero, ya lo sé! Paga mejor un pobre que un señor... ¡Ríanse, búrlense!... Todos esos fueros de soberbia son humo, y lo serán más. Se abajan los adarves y se alzan los muladares. ¡Raza de furiosos, raza de déspotas, raza de locos, ya veréis al final qué os espera, Montenegros!

El viejo penetra en la iglesia entre las burlas de los segundones, a quienes EL CAPELLÁN *aconseja con prudentes y tímidas palabras, que no escandalicen a las puertas de Dios.* DON MAURO *le responde de mal talante, y los otros, sin parar mien-*

tes, se alejan y tornan a platicar del caso que les ha reunido. SABELITA *cruza el atrio rebozada en su mantilla. Es ya de noche, y los segundones no reconocen a la barragana de su padre.*

ESCENA CUARTA

Una sala en el caserón. Anochece. Dos mujeres, casi dos sombras, en el estrado. Flota en el aire el balsámico aroma de los membrillos puestos a madurar en aquel gran balcón plateresco con balaustral de piedra. Apenas se oye el murmullo de las dos voces.

LA ROJA.—¡Cuánto tengo suspirado por volver a verla en esta casa, señora mi ama! ¡Cuántas veces tuve intentos de ir a calentar estas manos ateridas, en aquella cocina del Pazo de Lantañón!

DOÑA MARÍA.—Roja, tú no sabes qué triste es hoy el fuego de aquel hogar.

LA ROJA.—Otro tiempo fue alegre, como las lumbres del San Juan. Éramos doce criados los que a diario nos reuníamos a la redonda de la lumbre, como los santos apóstoles. Y en la siega y en las vendimias éramos más de cincuenta. ¡Cuentos que allí se contaban, risas que había, cantares de la mocedad, loquear sin pena!

DOÑA MARÍA.—¡Todo pasó! Mis manos y mi corazón se han enfriado con la ceniza de aquel tiempo.

LA ROJA.—Señora mi ama, no vuelva a la tristeza de su destierro.

DOÑA MARÍA.—El pecado tiene aquí su reino.

LA ROJA.—Quien lo encendía ya se fue.

DOÑA MARÍA.—¡No la nombres!

LA ROJA.—¿Le negará su perdón, señora mi ama?

DOÑA MARÍA.—¡Por ella he sufrido los mayores dolores de mi vida! ¡Ha olvidado que la había recogido en mi casa y criado como a una hija!

LA ROJA.—La cuitada también llora el sonrojo y el engaño que hizo a su madrina. ¡A solas con esta vieja bien se tiene dolido! Fueron muchas las asechanzas y muchos los revuelos del gavilán, para prender en sus garras la paloma. ¡Y la prendió, como prendió a tantas!

DOÑA MARÍA.—¡A tantas! Esperaba, triste esperanza, que le recobraría con los años, y que cuando los dos fuésemos viejos, seríamos felices... Y nunca tuvo como ahora, esa fuerza para cegar a las mujeres, para hacerse dueño de las almas.

Una sombra llega sin ruido hasta la puerta, y arrodillada en el umbral escucha las palabras de la resignada señora. Tiene el pañuelo sobre los ojos. Es la barragana del CABALLERO.

SABELITA.—¡Madriña!... ¡Pobre madriña mía, cuánto ha debido sufrir en tantos años! Madriña, escúcheme usted.

SABELITA *se arrastra de rodillas. Su voz tiene esa expresión cálida y dramática con que las almas acosadas de remordimientos confiesan sus pecados.* DOÑA MARÍA *ha quedado mirándola muy fija y muy pálida.*

DOÑA MARÍA.—¿Qué deseas?

SABELITA.—Vengo de muy lejos. Había salido de esta casa para no volver, y al verme sola, perdida en un camino, he llorado como no había llorado nunca. Tuve miedo de la muerte. Vengo cansada de los caminos para arrodillarme ante usted y suplicarle que me perdone. ¡Madriña, madriña mía, déme sus manos a besar!

DOÑA MARÍA.—Me pides las manos y te había dado mi corazón. Te lloré como se llora a una hija muerta. No sentía celos, sino pena, una pena muy grande de que tú me engañases. ¿No era yo tu madre?

SABELITA.—¡Madre mía! ¡Madre mía!

DOÑA MARÍA.—Lo fui, ya no lo soy.

SABELITA.—¡Sí, mi madre, mi madre!
DOÑA MARÍA.—Levántate.
SABELITA.—No me niegue besar sus manos.
DOÑA MARÍA.—¡Levántate del suelo, Sabelita!
SABELITA.—¡Debo hablarle así arrodillada, madriña!
DOÑA MARÍA.—Así no quiero escucharte.

Le tiende las manos de una albura lunar en la penumbra, manos ungidas con ese encanto de las flores marchitas. SABELITA *las besa sollozando.*

SABELITA.—¡Usted no puede perdonarme, madriña!
DOÑA MARÍA.—Sí, yo te perdono.
SABELITA.—¡Cuánto la ofendí!... Madriña, quise romper para siempre con el pecado y salir de esta casa...
DOÑA MARÍA.—Has hecho bien, porque así salvarás tu alma. Pero yo nada te exijo, hija mía. Sé que cuando te vayas vendrá otra mujer, que acaso no sea como tú... Yo soy vieja y no podré ya nunca recobrarle. ¡No pude cuando era joven y hermosa! ¡Y tú eres buena, y tú le quieres!...
SABELITA.—Si pudiese haber disculpa para mí, sería ésa.
DOÑA MARÍA.—¡Cuántos corazones le deben su desgracia!
SABELITA.—Mi vida no es vida. Ansiaba romper este lazo de pecado y no podía... ¡Cada pena lo apretaba más! Me faltaba valor para dejarle en momentos tan crueles...
DOÑA MARÍA.—¡Tú sabes quiénes eran los que quisieron robarle!
SABELITA.—¡Sí!
DOÑA MARÍA.—¡Es horrible!
SABELITA.—¡Horrible!
DOÑA MARÍA.—Vine aquí, creyendo que él nada sabía, para pedirle que me dejase retirar a un convento, y repartir entre mis hijos lo que hayan de heredar a la hora de mi muerte. Pero ni aun me atreví a decírselo. Me dio miedo mirar en su corazón. ¡Los maldice deseando verlos en la miseria!

Las dos sombras suspiran, y hay un silencio largo. DOÑA MARÍA *esconde el rostro entre las manos y solloza con sollozos ahogados. En la sala la oscuridad es profunda. La otra sombra toca con una caricia tímida aquella cabeza de plata, que unge el claro de la luna.*

SABELITA.—Madriña, ya me voy. Madriña mía, no consienta que otra mujer le robe su sitio. Es usted, sólo usted, quien tiene derecho para vivir en esta casa. Yo me voy porque quiero que usted sea feliz, madriña. El padriño, allá en el fondo de su alma, sólo la quiere a usted. ¡Por Dios se lo pido no deje su sitio a otra mujer, permanezca siempre a su lado para consolarle!

DOÑA MARÍA.—¿Y tú, adónde irás?

SABELITA.—No sé... No sé...

DOÑA MARÍA.—¿Qué va a ser de ti sola, sin amparo de nadie?

SABELITA.—Usted me perdona y mi alma se ve libre de remordimiento. Adiós, madriña.

DOÑA MARÍA.—¿Te vas?

SABELITA.—Sí.

DOÑA MARÍA.—¡De noche! ¡Sola!

SABELITA.—Sí.

DOÑA MARÍA.—No, no es posible.

SABELITA.—Si me detuviese, acaso me faltaría valor.

DOÑA MARÍA.—Es verdad.

SABELITA.—Madriña, no consienta que otra mujer le robe su puesto.

DOÑA MARÍA.—¡Qué importa, si me roba su corazón! Abrázame, Isabel.

SABELITA.—¡Adiós, madriña!

DOÑA MARÍA.—¡Adiós, hija mía!

Las dos sombras se abrazan y permanecen así mucho tiempo. Se oyen sus sollozos. Después se aleja el fantasma de una mujer, y de las tinieblas de la sala se destaca con un clueco son de madreñas, la figura de la vieja criada.

LA ROJA.—¿Llora, señora mi ama?

DOÑA MARÍA.—¡Adónde irá esa niña, de noche, sola!...

LA ROJA.—Dios Nuestro Señor no la dejará en abandono.

DOÑA MARÍA.—¡Perdida por los caminos adónde irá!

LA ROJA.—Donde la guíe su Ángel. ¡Ay! Tuviera yo menos años y no iría sola por el mundo, la pobre cordera.

DOÑA MARÍA.—¡Llámala!

LA ROJA.—Aquí condena su alma.

DOÑA MARÍA.—Llámala. Del mal que le suceda yo tendré la culpa... Al verse sola, sin amparo en la vida, acaso caerá más bajo.

LA ROJA.—Aunque la llamase no tornaría.

DOÑA MARÍA.—¡Isabel! ¡Isabel!

LA ROJA.—Ya no puede oírnos. Recemos por ella, Señora mi ama.

ESCENA QUINTA

Una calle. Es de noche. SABELITA *camina pegada al muro de las casas arrebujada en su manto, y llora con débil gemido, como niña abandonada. Las calles están desiertas, y los zaguanes de las casa, lóbregos.* SABELITA *percibe a veces un confuso vocerío, que sale del interior de las tabernas llenas de marineros, y miedosa, apresura el paso para cruzar ante las puertas, de donde surge una banda de luz que tiembla sobre la calle enlosada. Tal vez una sombra se tambalea en la esquina barbollando confusos discursos.* SABELITA *pasa recatada en su mantelo.*

LA VOZ DEL BORRACHO.—Aquí me tienes, parienta... Sopla Nordeste fresco, parienta... Envaina las uñas, que el hombre de bien tiene que achicar un cuartillo con los amigos... ¡Cuidado, que ya tengo un rumbo dentro! Si usted no es mi parienta, señora. Espere usted, que me estoy pisando la faja. ¿No quiere usted esperar?... Navegaremos en conserva...

La sombra avanza, tambaleándose, por medio de la calle. SABELITA *apresura el paso y, poco a poco, deja de oír la voz incoherente y torpe. Atraviesa una plaza donde hay un convento. Empieza a llover. Se cruza con dos señoras precedidas por un criado que lleva un gran farol. El viento les estremece las faldas y se las ciñe a las canillas, mostrando el blanco oleaje de las enaguas. Las cabezas desaparecen en la sombra del paraguas que las cobija. El criado mira con curiosidad a la arrebujada que cruza la plaza.* SABELITA, *luego de haber pasado, percibe el curioso musitar.*

UNA SEÑORA.—¿Quién era?
EL CRIADO.—Parecióme la mal casada.
LA OTRA SEÑORA.—¿La sobrina del difunto Arcipreste de Lantañón?
EL CRIADO.—No digo que lo fuese...

SABELITA *se aleja casi corriendo. Adivina que las dos señoras se han detenido en medio de la plaza y que la atisban con ojos malignos, bajo el aguacero que redobla en el paraguas. Tiene miedo de aquellos ojos como de un maleficio, y corre falta de aliento. Un reloj de torre da las diez, y dos clérigos salen de un ancho zaguán apenas alumbrado por un farol de retorcidos hierros. Son* EL DEÁN *y* EL CHANTRE *de la Colegiata.*

EL CHANTRE.—¡Está lloviendo, Don Lino!
EL DEÁN.—Mi pierna me lo decía.
EL CHANTRE.—Y me parece que tenemos agua para toda la semana.
EL DEÁN.—Hasta la luna nueva no hay que esperar otro tiempo.

Se embozan en los manteos y echan presurosos calle abajo. SABELITA, *oculta en el quicio de una puerta, los ve pasar a su lado y suspira al reconocerlos: Son los viejos, los tradicionales amigos que en otro tiempo hacían tertulia y tomaban el choco-*

late en la casona. Después sale un caballero precedido de un paje, que alumbra con una linterna de grandes vidrios. SABELITA *reconoce en aquella figura hidalga y luenga al famoso Marqués de Bradomín. Tiembla de ser vista, y se cubre el rostro con el manto. El caballero y el paje se han desvanecido en la noche y todavía se oye el hueco son de sus pasos por la calle enlosada. Pasa tiempo. No cesa de llover. El reloj de torre da otra hora.* SABELITA *cruza nuevas calles muerta de miedo y de cansancio. En la puerta de un garito, dos bultos se detienen a verla, y aun cuando la oscuridad los recata, ella los reconoce por el caballo que uno de ellos tiene de las riendas.*

CARA DE PLATA.—¿Quién será a esta hora?
DON FARRUQUIÑO.—No sé... Y parece joven y guapa.
CARA DE PLATA.—¿Tú la has visto bien?
DON FARRUQUIÑO.—Sólo un momento.

CARA DE PLATA *apresura el paso para alcanzar a la desconocida. El caballo trota a su espalda, y el golpe de las herraduras tiene una sonoridad fanfarrona y sacrílega en la calle desierta.* SABELITA, *viéndose perseguida, se detiene y espera.*

CARA DE PLATA.—¡Eres tú! ¿Adónde vas, Isabel? ¿Por qué tiemblas? ¿Por qué lloras?

SABELITA.—¿Y tú por qué me persigues? ¿Quién es aquel hombre que se acerca? ¿Alguno de tus hermanos? ¡Dejadme! ¡Dejadme!

CARA DE PLATA.—No temas, Isabel.

SABELITA.—De ti no, pero de ellos...

CARA DE PLATA.—De nadie, porque yo te defiendo. A pesar de tantas cosas, no he olvidado aquel tiempo... Y no te culpo porque conozco al Diablo. ¿Qué desgracia te sucede? ¿Dime a mí, por qué lloras, Isabel?

SABELITA.—He dejado la casa de tu padre... La he dejado para siempre... He querido devolveros lo que os había robado... No me hagáis daño. Soy una pobre mujer abandonada.

Yo nunca conspiré contra vosotros. No me hagáis daño. ¡Dejadme! ¡Dejadme!

SABELITA *huye, y el segundón queda en mitad de la calle, sorprendido y dudoso. Ya se resuelve a ir de nuevo en seguimiento de la barragana, cuando siente en el hombro la mano de* FARRUQUIÑO.

DON FARRUQUIÑO.—¿Te has vuelto de piedra? ¿Quién era?

CARA DE PLATA.—No la he conocido.

DON FARRUQUIÑO.—¿Verdad que tenía un vago parecido con Sabelita? ¡Si fuera ella, qué ocasión para ponerle los huesos en un haz!

CARA DE PLATA.—¡Y qué hazaña de villanos!

DON FARRUQUIÑO.—Mejor que tu empeño de hacer el caballero andante.

Los dos segundones vuelven sobre sus pasos, y en la puerta del garito se detienen para seguir renegando de su suerte y de la baraja fullera de un tahúr.

ESCENA SEXTA

SABELITA *huye por las calles desiertas, y a cada momento cree sentir pasos recatados y traidores que la siguen en la oscuridad. Piensa en morir, y al mismo tiempo teme los riesgos de la noche. Hállase a la entrada del viejo puente romano, y la luna ilumina aquella cruz de piedra que la devoción de un hidalgo había hecho levantar sobre el brocal del puente. Un perro ladra, y dos aldeanos vestidos de estameña, con montera y calzón corto, la detienen y se descubren respetuosos para hablarla. El uno es viejo, con guedejas blancas, y el otro, que parece su nieto, es un rapaz espigado.*

EL ABUELO.—Arriéndese, mi señora.

SABELITA.—¡No me hagan daño, por amor de Dios! Nada tengo que pueda valerles.

EL RAPAZ.—No somos ladrones, señora.

EL ABUELO.—Ni hacemos mal a nadie, y muy bien hemos de respetarla. Juan da Vila me llamo, para servirla, y este rapaz es mi nieto. Somos de la otra banda del río, cuatro leguas desviado de San Clemente de Brandeso.

El viejo se interrumpe para contar las horas que da un reloj. Doce campanadas que abren doce círculos en la noche.

EL RAPAZ.—Ya es la media noche.

EL ABUELO.—Perdone, mi señora, mas habrá de servirnos de madriña en un bautizo. Tengo una hija que no logra familia por mal de ojo que le hicieron siendo moza, y nos han dicho que solamente se rompía el embrujo viniendo a una puente donde hubiere una cruz, y bautizando con el agua del río después de las doce de la noche. Tres días llevamos acudiendo a este paraje, y el primero no pasó nadie que pudiera apadrinar, y el segundo deshizo la virtud un can que venía escapado de la aldea, y que cruzó la puente aun cuando acudimos a estorbarlo del otro cabo mi yerno, y de aqueste, el rapaz conmigo. Pues sabrá mi señora que para ser roto el embrujo no ha de cruzar la puente, hasta hecho el bautizo, ni can, ni gato, ni persona humana.

EL RAPAZ.—¡Mi alma! Era una bruja aquel can, y con tal burlería quiso ver si nos cansábamos y tornábamos a nuestra aldea.

EL ABUELO.—Mas contra burlerías hay burlerías, y si las brujas tienen mucho saber, hay quien tiene más, y una saludadora nos dijo que para arredrar al trasgo, y lo mismo a las brujas, en cada cabo de la puente pusiésemos un ochavo moruno de los que tienen el círculo del Rey Salomón.

EL RAPAZ.—Y mire la señora, cómo todo salió al deseo del ánimo, mediante Dios.

Con esta plática cruzan la mitad del puente hasta llegar al paraje donde está la cruz. Dos mujeres que tocadas con sus mantelos descansan al pie, se levantan y murmuran una rancia salutación. Aquellas dos mujeres son suegra y nuera. La vieja aún conserva los ojos vivaces en un rostro lleno de arrugas, y la otra es una sombra pálida, consumida por la preñez. El marido llega por el otro lado del puente. De su muñeca cuelga el palo endurecido al fuego y herrado como una clava. Saluda con la misma salmodia.

EL MARIDO.—¡Santas y buenas noches!

SABELITA.—¡No me hagan daño!

LA SUEGRA.—Como una reina será tratada mi señora. Basta el gran favor que nos hace.

LA PREÑADA.—¡Así halle la recompensa en la tierra y en el Cielo!

SABELITA.—¿Y el niño que quieren bautizar, dónde está?

LA SUEGRA.—El niño no es nacido, mi señora. ¿Inda no le dijeron la caridad que esperamos de su buen corazón? ¡Pobre paloma, así viene temblando! ¿Cuidaba que queríamos hacerle mal?

EL MARIDO.—¡Sacarle los untos para venderlos!

SABELITA.—Me dijeron que iba a ser madriña...

EL ABUELO.—¡Cabal! Mas el bautizo se hace en la entraña de la madre para que el hijo nazca en su tiempo y se logre.

LA PREÑADA.—Una mala mujer diome un hechizo en una manzana reineta, y no logro familia. ¡Ay, Jesús!

EL MARIDO.—¡Condenada ladra!

LA SUEGRA.—Ya le ofrecíamos una carga de trigo por que rompiere el embrujo y no quiso.

EL MARIDO.—¡Condenada ladra! Por no andar en cuentos con la justicia, no la hube tullido a palos.

LA PREÑADA.—Ya la castigará Dios Nuestro Señor.

LA SUEGRA.—¡Amén!

El rapaz, que ha bajado en una carrera a la orilla del río, torna trayendo el agua del bautismo en un cuenco. La vieja se lo toma de las manos y arrodillándose, lo presenta a ISABELITA.

LA SUEGRA.—Bendiga el agua para que sea santa, mi señora. ¿Qué nombre quiere ponerle al que está por nacer?

SABELITA.—El nombre que diga su madre.

LA PREÑADA.—El que sea gustosa la madriña.

LA SUEGRA.—Póngale su nombre, mi señora.

SABELITA.—Le traería desgracia.

LA PREÑADA.—Pues, para ser mi gusto, póngasele, si es niña, el nombre de otra que me murió de tres días y que es el nombre de la Madre de Dios.

LA SUEGRA.—Y si es un infante, que se llame como mi difunto. ¡Ay, si el cuitado alzare la cabeza no tendría poco júbilo de verse con un nieto!

LA PREÑADA, *de rodillas al pie del crucero, con los ojos febriles fulgurando bajo el capuz del manteo, se alza la basquiña y descubre el vientre hidrópico y lívido, con una fe cándida que hace sagrado el impudor. El rapaz alumbra con una antorcha de paja centena, y el abuelo dicta en voz baja la fórmula del rito.* SABELITA *traza una cruz con el agua del río sobre aquel viente fecundo que porta una maldición, y el feto se mueve en las entrañas de la madre, y el misterio de la vida parece surgir del misterio de la noche, bajo la roja llamarada de la antorcha sostenida por un niño, como en el símbolo pagano del amor.* SABELITA *repite en alta voz las palabras que el abuelo dicta en voz baja: La fórmula sagrada que rompe el hechizo.*

SABELITA.—Yo te bautizo con agua santa del Jordán, como al Señor Jesucristo bautizó el Señor San Juan. Yo te bautizo y te pongo el nombre bendito que porta la santidad y la sanidad consigo. Si niña hubieres de nacer, el nombre de la Virgen Santísima habrás de tener, y si de varón hubieres la condición, tendrás el nombre de San Amaro Glorioso, que se sienta a la mesa de Dios Nuestro Señor Todo Poderoso. Amén Jesús.

EL RAPAZ.—Levanta la pata y apaga luz.

Enredador y travieso arroja la antorcha al río por encima del puente, al mismo tiempo que LA PREÑADA, *acometida de súbito rubor, deja caer la basquiña y cierra los ojos, temblorosa y transfigurada, como en éxtasis. Sus labios tiemblan con murmullo ardiente.*

LA PREÑADA.—El hijo me bate en las entrañas con el talón del pie. ¡Me bate en las entrañas!

SABELITA.—Ya no volveremos a vernos. ¡Adiós, buenas gentes! ¡Adiós!

LA SUEGRA.—¿Adónde va tan sola, mi señora? Tres hombres hay aquí para acompañarla.

SABELITA.—No quiero que nadie me acompañe. Voy muy lejos.

EL MARIDO.—A la fin del mundo que fuere.

LA PREÑADA.—Deje que la acompañen, señora mi comadre. De verla partir sola quedaríame en grande cuidado.

LA SUEGRA.—Son muy temerosos los caminos y puede ocurrirle alguna desgracia.

SABELITA.—No me detengan... No me sigan... ¡Me arrodillaré para pedírselo!

EL ABUELO.—¡Nunca tal permita Dios!

LA PREÑADA.—Déjeme que la abrace, señora mi comadre.

SABELITA *se acerca a* LA PREÑADA, *que le ciñe los brazos al cuello, y la besa con gratitud respetuosa, en el rostro pálido y frío donde el dolor ha dejado la inmovilidad de una máscara trágica. El alma mística de la aldeana tiene como un oscuro presentimiento de las agonías y las congojas con que lucha aquel corazón que late sobre el suyo, como un pájaro asustado en la mano de un niño.*

LA PREÑADA.—Nuestro Señor la acompañe y la guíe por los caminos del mundo.

SABELITA.—¡Gracias, buena mujer!

LA PREÑADA.—Y que un día tornen a verla mis ojos libre de pesares.

SABELITA, *ahogada por los sollozos, huye sin responder, corre con ansias de locura por verse sola en medio del campo en la soledad de la noche, bajo las estrellas lejanas y milagrosas que se encienden y se apagan como los pensamientos en la oscuridad de su pena monótona, fatigosa, constante.*

LA PREÑADA.—¡Seguidla! ¡Seguidla!
EL MARIDO.—Tras ella iremos, mas no te sobresaltes.
EL ABUELO.—Iré yo con el rapaz, que el hombre casado ha de darle compaña a su mujer.

El viejo y el rapaz se parten en seguimiento de aquella sombra que corre por la orilla del río. Los otros, graves y en silencio se tornan a la posada, y de allí, cuando amanece, a su aldea. Un asno aparejado con jamugas lleva a LA PREÑADA: *El marido y la abuela caminan a los flancos. Al verlos por la vereda aldeana, brota, como el agua de una fuente clara, el recuerdo cándido, ingenuo y piadoso de la Huida a Egipto.*

JORNADA CUARTA

ESCENA PRIMERA

Una antesala en la cruz de dos corredores. Sobre el muro se desenvuelve, en estampas que ostentan larga leyenda al pie, la historia amorosa de la Señorita de La Valiera. En el fondo hay una ventana desde donde EL CABALLERO *se divierte tirando a los vencejos que vuelan en la tarde azul sobre el oscuro jardín de mirtos.* DON JUAN MANUEL *aún lleva una venda sobre el entrecejo. La fiebre le enciende los ojos y le ahonda las mejillas. Su mal, es la tristeza de recordar la figura amorosa y gentil que otras veces había encantado, como triunfo de rosas que florecen en viejo tronco, el soberbio declinar de su vida apasionada y violenta.* DON GALÁN *asoma por uno de los corredores.*

EL CABALLERO.—¿Has averiguado algo? Te dije que no te mostrases ante mis ojos, en tanto que no supieses si era viva o muerta. ¿Qué nueva me traes?

DON GALÁN.—Olfateo, mi amo. Ando como un can perdiguero de acá para acullá.

EL CABALLERO.—¡No ha pensado que me dejaba solo, sumido en la tristeza, cuando voy para viejo! No, no me hubiera abandonado si yo tuviese diez años menos. Entonces sería mi esclava sin que le cansase estar ante mí de rodillas... ¡Otras han estado! Esta pena que siento ahora y que jamás he sentido, es la tristeza de la vejez, es el frío que comienza. Llegó el momento en que cada día, en que cada hora, es un golpe de azada en la sepultura. ¡Ah, cómo tuviese yo diez años menos!

EL CABALLERO *se interrumpe y dispara sobre una bandada de vencejos. Ladran los perros en la lejanía. Por uno de los corredores llegan* EL MOLINERO *y su mujer.*

EL MOLINERO.—Allí tienes al amo, Liberata.

LIBERATA.—Venturosos los ojos que tornan a verle con salud.

EL MOLINERO.—¿Da su licencia?

EL CABALLERO.—Adelante. ¿Llegáis ahora?

LIBERATA.—Sí, señor.

EL CABALLERO.—Liberata, me han dicho que no andas buena, y te hallo pálida.

EL MOLINERO.—Pero no es el mal de antaño lo que la tiene con esa color de cera.

LIBERATA.—Antier pasé un susto muy grande. ¡Creí que era llegada mi hora!

EL MOLINERO.—Por eso hemos venido los dos, para decirle que nos perdone...

LIBERATA.—No podemos seguir con el molino, mi amo. Don Pedrito nos tiene amenazados con picarnos el cuello.

EL CABALLERO.—¿Y quién es Don Pedrito?

LIBERATA.—Habla tú, pariente.

EL MOLINERO.—Habla tú que mejor lo sabes, Liberata.

LIBERATA.—Dice que habemos de pagarle una renta o dejar el molino.

EL CABALLERO.—Y vosotros habréis temblado como liebres.

LIBERATA.—Nosotros, mi amo, queremos vivir en paz.

EL MOLINERO.—Tal, que le traemos la llave. Entrégasela al amo, Liberata.

EL CABALLERO.—Guardad la llave, y no me tentéis la paciencia.

LIBERATA.—Por todos los santos del cielo no me haga volver al molino. Don Pedrito quiso matarme, azuzóme los perros, y tengo mi cuerpo atarazado.

EL MOLINERO.—Dígole que da dolor verla. Muéstrale al amo cómo tienes las piernas, Liberata.

EL CABALLERO.—No sabe ese ladrón que no es tu carne para los perros.

LIBERATA.—Las señales de los dientes las tengo hasta en los pechos.

EL MOLINERO.—Muéstraselas, Liberata.

EL CABALLERO.—Pedro Rey, no quiero que ese bandido salga con su empeño. ¿Os conviene el molino con las tierras de Lantañón?

EL MOLINERO.—Hay que servir al amo, Liberata. Puesto que su gusto es que sigamos en el molino, habemos de seguir.

LIBERATA.—No lo temo yo por mí, sino por lo que llevo en mis entrañas.

EL CABALLERO.—¿Os conviene?

EL MOLINERO.—Nos conviene lo que mi amo ordenare. Ya sabemos que no habrá de ser tirano para la renta.

EL CABALLERO.—Renta ninguna.

LIBERATA.—Aun así el corazón me anuncia una desgracia.

EL CABALLERO.—¡Basta de lamentos! Pedro Rey, vuélvete al molino, y si ese faccioso asoma la cabeza por encima de la cerca, suéltale un tiro. Yo te doy mi palabra de que te sacaré de la cárcel. Y como para tales empresas las mujeres más estorban que ayudan, se quedará en mi casa Liberata. Aguarda: Quiero que le mates con mi escopeta y que sea cargada por mi mano.

Los molineros se miran a hurto, a la vez con gozo y temor. DON JUAN MANUEL *vierte la pólvora en su palma trémula de cólera y después de repartirla en los dos cañones arranca con brío la baqueta. La brisa perfumada del jardín, entra por la ventana y mueve la ola de su barba y sus cabellos blancos de Rey Mago.*

ESCENA SEGUNDA

La alcoba de DOÑA MARÍA. *Es la primera noche. Una cama antigua, de nogal tallado y lustroso, se destaca en el fondo, entre cortinajes de damasco carmesí, que parece tener algo de litúrgico, tanto recuerda los viejos pendones parroquiales. Un Niño Jesús con túnica blanca bordada de plata parece volar sobre la consola, entre los floreros cargados de azucenas. En las losas de la plaza resuenen las herraduras de un caballo que se detiene piafando debajo del balcón. Han pulsado blandamente en los cristales. La señora se estremece y escucha: Sobre los labios marchitos zozobra el rezo. Están llamando otra vez y se oye el susurro de una voz.* DOÑA MARÍA *abre el balcón. De pie, sobre el rocín, con ambas manos en los hierros, aparece* CARA DE PLATA.

CARA DE PLATA.—¡Buenas noches, Doña María!

DOÑA MARÍA.—No escandalices, hijo.

CARA DE PLATA.—¿Estaba usted dormida?

DOÑA MARÍA.—Estaba rezando. ¿Quién viene contigo?

CARA DE PLATA.—Vengo solo.

DOÑA MARÍA.—¿Y tus hermanos?

CARA DE PLATA.—No los he visto.

DOÑA MARÍA.—De ti no temo nada. Has sido siempre un caballero, y confío que seguirás siéndolo. Pero no estés así sobre el caballo, que puedes matarte.

CARA DE PLATA.—¡Qué más da un día que otro!

DOÑA MARÍA.—No digas locuras.

CARA DE PLATA.—Madre, vengo a despedirme de usted. Me voy con los carlistas.

DOÑA MARÍA.—¡Válate Dios! ¿Tú necesitas dinero?

CARA DE PLATA.—Le digo a usted la verdad. Xavier Bradomín me ha convencido de que los hombres como yo, sólo tenemos ese camino en la vida. El día en que no podamos alzar partidas por un rey, tendremos que alzarlas por nosotros y robar en los montes. Ése será el final de mis hermanos.

DOÑA MARÍA.—¡Calla! No puedo oírte. No me agoníes. ¿Qué necesitas? ¿Qué quieres? ¡Si es preciso venderé hasta la última hilacha, pero no me digas que voy a dejar de verte para siempre!

CARA DE PLATA.—¿Y quién asegura que no volveré? Yo también tengo siete vidas, como los gatos monteses y como mi señor padre.

DOÑA MARÍA.—Pero mis ojos no te verán.

DOÑA MARÍA *tiende las manos hacia su hijo y le besa en la frente.* CARA DE PLATA *se descubre con respeto. A lo lejos, detrás de los cipreses, brilla el mar que parece ofrecer su manto de luces y de aventura, al mancebo segundón que se apresta a correr el mundo.*

DOÑA MARÍA.—¡Hágase la voluntad de Dios!

CARA DE PLATA.—Amén, señora madre.

DOÑA MARÍA.—¿Cuándo te irás?

CARA DE PLATA.—Mañana mismo.

DOÑA MARÍA.—¿Sin besarle la mano a tu padre?

CARA DE PLATA.—Temo que me reciba a tiros Don Juan Manuel.

DOÑA MARÍA.—Hijo mío, sé humilde, y solicita su bendición. Yo intercederé.

CARA DE PLATA.—¡Señora, temblaba de decirlo, pero aun ayer pudo usted defendernos y no quiso o no supo!

DOÑA MARÍA.—¡Y sabes las torturas de mi corazón!

CARA DE PLATA.—¿Acaso no veo cómo el cariño lo hace cruel? Mi padre acusa a todos sus hijos y mi madre no sabe decirle que fue uno solo, quien entró en esta casa con la gavilla de Juan Quinto.

DOÑA MARÍA.—No ha sido ninguno.

CARA DE PLATA—Ha sido Pedro.

DOÑA MARÍA.—¿Y serás capaz de acusarle?

CARA DE PLATA.—Por eso creo mejor no recibir la bendición de mi amantísimo padre.

DOÑA MARÍA.—Hijo del alma, ten la de tu madre.

DOÑA MARÍA *se inclina sobre el balcón. La mano, de albura lunar, traza una cruz en la noche y se posa en la arrogante y varonil cabeza del mancebo.* CARA DE PLATA *la besa con respeto, y se deja caer sobre la silla del rocín.* DOÑA MARÍA *solloza viéndole partir, y permanece en el balcón hasta que desaparece. Con una congoja, vuelve a entrar en la alcoba, se arrodilla y reza.* EL NIÑO JESÚS, *con túnica de lentejuelas y abalorios, sonríe bajo su fanal y tiende las manos cándidas, hacia la pobre madre que se queda sin hijo.*

ESCENA TERCERA

Van EL NIÑO JESÚS *y* DOÑA MARÍA, *perdidos por el monte, y se sientan a descansar en la orilla de un camino. El arco iris cubre el cielo y doce campanas negras doblan a muerto en la lejanía: Las doce campanas cuelgan, como doce ahorcados, de las ramas de un árbol gigante.*

DOÑA MARÍA.—¿Divino Niño, no me dirás por quién doblan esas campanas?

EL NIÑO JESÚS.—Doblan por Sabelita. ¿No la has visto caminando por la otra ribera del río, y que un demonio negro le tiraba de la falda arrastrándola hacia las aguas?

DOÑA MARÍA.—¡Sálvala de morir en pecado, mi Niño Jesús!

EL NIÑO JESÚS.—Si tal sucede, tu habrás regalado esa alma a Satanás.

DOÑA MARÍA.—¡Vamos en su ayuda, mi Niño Jesús!

EL NIÑO JESÚS.—No sabemos el camino y nos perderíamos en los breñales del monte, Doña María.

DOÑA MARÍA.—Iremos a la ventura, mi Niño Jesús. Yo te llevaré en mis brazos, Divino Infante.

EL NIÑO JESÚS.—Tú eres muy vieja y te cansarías. Dame la mano. Nos guiaremos por aquella paloma blanca.

DOÑA MARÍA.—Divino Infante, deja que mis brazos se santifiquen llevándote en ellos.

EL NIÑO JESÚS.—¡Si apenas puedes caminar, Doña María!

Se alejan por el sendero, hacia el árbol de cuyo ramaje cuelgan las doce campanas, y al acercarse las hallan convertidas en doce cuervos que vuelan graznando sobre sus cabezas. DOÑA MARÍA *se estremece.*

DOÑA MARÍA.—¡El vuelo de los cuervos cubre mi corazón! Niño Jesús, deja que me arrodille y que rece por mi ahijada.

EL NIÑO JESÚS.—Reza por ella y por ti, que cuando la viste arrepentida no te condolió su desamparo. Si muere en pecado mortal, tú irás también al Infierno.

DOÑA MARÍA.—Niño Jesús, no acongojes mi alma.

EL NIÑO JESÚS.—Aprende a oír la voz de la verdad, Doña María. Llora, pero no oscurezcas con tu llanto mis palabras. Don Juan Manuel oye las burlas crueles que le dice un criado, y tú no quieres oír al Niño Jesús.

DOÑA MARÍA.—¡Perdóname, Divino Infante!

EL NIÑO JESÚS.—¿Ignorabas que aquella desgraciada iba a verse sola, sin amparo de nadie? ¿Por qué no la guardaste a tu lado, para llevarla al convento contigo? No has querido ampararla, porque eres muy mala, Doña María. En el cielo están enojados contigo, pues dejaste que la mujer arrepentida volviese a caer en el pecado. Eres muy mala, y por serlo tanto sufres el castigo de que el mejor de tus hijos se vaya a la guerra, donde hallará la muerte.

DOÑA MARÍA *llora desconsolada.* EL NIÑO JESÚS *se aleja por la orilla del sendero, cogiendo margaritas silvestres, y la señora cuando después de un momento levanta hacia él los ojos llenos de lágrimas, le llama con maternal y piadosa alarma.*

DOÑA MARÍA.—Niño Jesús, que el camino está lleno de trampas que ponen los pastores para los lobos.

EL NIÑO JESÚS.—¡Qué miedosa eres, Doña María!

Aún viven en el eco estas palabras, cuando en lo profundo de una cueva, desaparece EL NIÑO JESÚS. DOÑA MARÍA *lanza un grito, y cierra los ojos donde queda luciente el aleteo afanoso que agitó las manos del* NIÑO. *Entonces, de la sombra de los breñales sale una doncella que hila un copo de plata, en una rueca de cristal, y acercándose al borde de la cueva, deja caer el huso que se columpia como una escala de luz por donde sube* EL NIÑO. *Ante aquel milagro la señora se arrodilla y reza reconociendo en la doncella que hilaba bajo la sombra de los breñales, a la Virgen Santísima. Un rayo de luna la deslumbra como la estela del prodigio, y sus ojos, llenos de santas visiones, vuelven a contemplar entre los floreros de azucenas, la túnica blanca del* NIÑO JESÚS.

ESCENA CUARTA

DON JUAN MANUEL MONTENEGRO, *tras de cenar y beber con largura, oyendo las burlas del criado, se levanta de la mesa tambaleándose y cae en su lecho.* DON GALÁN *comienza a quitarle las botas.*

EL CABALLERO.—¿Qué hora es, Don Galán?
DON GALÁN.—Hora de dormir, mi amo.
EL CABALLERO.—Llama a Liberata.
DON GALÁN.—Le silbaré.
EL CABALLERO.—Quiero que me caliente la cama.
DON GALÁN.—¡Jujú!

DON GALÁN *acaba de acostar a su amo y sale.* EL CABALLERO *se ha dormido cuando el bufón y la manceba entran en la alcoba con misterio de clásica trapisonda.*

DON GALÁN.—¡Si no eres celosa, has hecho tu suerte, Liberata la Blanca!... ¡Que no fuese tu marido Don Galán! ¡Jujú!

LIBERATA.—¡Calla, burlista, no despiertes al señor mi rey!

DON GALÁN.—Ya eres el ama, Liberata.

LIBERATA.—¡Qué tengo de ser el ama!

DON GALÁN.—El ama. ¿Pues no sabes que dejó la casa Doña Sabelita?

LIBERATA.—¡La casa! ¡Qué tiene de dejar la casa!

DON GALÁN.—¡Así muerto me entierren si te cuento mentira!

LIBERATA.—¡A los infiernos vayas con tus andrómenas!

DON GALÁN.—¡Jujú! Bien puedes mercarme unos calzones.

LIBERATA.—¿Pero cuidas que no magino a lo que llamas tú la casa?

DON GALÁN.—Pues es malicia que a mí no se me alcanza.

LIBERATA.—¡A ti, que eres el padre de todas!

DON GALÁN.—¡Por estas que son cruces!

LIBERATA.—No condenes tu alma.

DON GALÁN.—¿Quieres declararte?

LIBERATA.—A la cama del amo llamas la casa.

DON GALÁN.—¡Jujú!

LIBERATA.—¿Que no?

DON GALÁN.—¡Jujú!

LIBERATA.—Mira si alcanzo tus teologías.

DON GALÁN.—¡Jujú! Tendrás que mercarme los calzones.

LIBERATA.—Fuera ello cierto que habías de tenerlos de paño sedán.

DON GALÁN.—¡Cuánta majeza! ¿Y si luego te enamorabas de verme?

LIBERATA.—Ya tendría buen tino de cerrar los ojos cuando pasares por la mi vera.

EL CABALLERO *se agita en su lecho y murmura palabras confusas, entrecortadas con ronquidos. El bufón y la molinera callan un momento. Fuera se oye el ladrido de los perros.*

LIBERATA.—¡Asús! No puedo sentir los canes sin que se me estremezcan las carnes.

DON GALÁN.—¡Qué ricas!

LIBERATA.—¡No relinches, rijoso!

DON GALÁN.—Si fuese can te lamería toda... Y como tienes unas carnes tan blancas, también alguna vez te chantaría los dientes, pero haríalo con más amor que los sabuesos de Don Pedrito.

LIBERATA.—¿Escomenzamos, Don Galán?

DON GALÁN.—Aquí, no... Tras de la puerta.

LIBERATA.—¡Mira que si el amo te escuchare!

DON GALÁN.—Reiríase.

LIBERATA.—¡Mía fe, que sabes jugar de burlas!

DON GALÁN.—Por ellas como.

LIBERATA.—Oye, Don Galán, ¿debo esperarme aquí hasta que el amo se despierte?

DON GALÁN.—Pues mandó que te llamase, tú verás.

LIBERATA.—Pero tú conoces las costumbres.

DON GALÁN.—Aún no las tengo bien desprendidas.

LIBERATA.—¿Y si en toda la noche no se despierta?

DON GALÁN.—Te acuestas, que la cama es ancha.

LIBERATA.—No hables más picardías, Don Galán.

DON GALÁN.—¿Pues no me has preguntado?

LIBERATA.—Fue por aquel mor de saber si tenía de esperarme o si tenía de irme.

DON GALÁN.—¡Nueva eres, y más que te haces, Liberata!...

LIBERATA.—¡Calla!... Parecióme que iba a despertarse.

DON GALÁN.—Si eso deseas, ¿por qué no le haces cosquillas donde le guste?

LIBERATA.—No escomiences.

DON GALÁN.—A tus solas te dejo.

LIBERATA.—En este rincón voy a descabezar un sueño, hasta que mi señor sea servido de abrir los ojos.

LIBERATA *se acomoda para dormir a los pies de la cama.* DON GALÁN *sale de la alcoba con los carrillos inflados por su gran risa bufonesca.* LIBERATA *le ve salir, se santigua y reza una oración. Con el amén en los labios va a correr el cerrojo de la puerta, y comienza a desnudarse. Toda blanca y temblorosa llega a la cama, mulle las almohadas y se oculta en las cobijas con arrumacos de gata. La alcoba yace en silencio. En una lamparilla de plata tiembla la luz. Los ratones corren y chillan bajo las tablas del piso.*

ESCENA QUINTA

La casa de LA PICHONA. *Una cocina terreña.* LA PICHONA, *sentada bajo el candil, hace encaje de Camariñas. El humo sale por los resquicios de la tejavana. Al fondo, separada por viejo cañizo y sobre caballetes de pino emborronados de azul, está la cama: Jergón escueto de panocha, sábanas de estopa y manta de remiendos. Una gallina clueca escarba la tierra del piso en medio de amarillenta pollada, y como distintivo de su dueña, luce calzas de bayetón colorado, que anduvo largo tiempo en un refajo de* LA PICHONA. *Cuantos aciertan a cruzar la callejuela, pulsan en la ventana con insolente mofa.* LA PICHONA *responde con una letanía de denuestos que dura hasta que se apaga el rumor de los pasos. Es mujer lozana y de buen donaire para las trapisondas. Llaman a la puerta.*

LA PICHONA.—¿Quién es?
DON FARRUQUIÑO.—Abre.
LA PICHONA.—Estoy en la cama. ¿Quién es?
DON FARRUQUIÑO.—Abre con mil demonios, Pichona.
LA PICHONA.—Abriré con la llave.

LA PICHONA *descorre el cerrojo.* DON FARRUQUIÑO *entra, y quiere abrazarla festero. La moza le empuja, y el tricornio, atravesado con gentil desgaire sobre la cabeza del estudiante, rueda por los suelos.*

LA PICHONA.—Manos quedas.
DON FARRUQUIÑO.—¿No ha venido Cara de Plata?

LA PICHONA.—En todo el santo día no le han visto mis ojos. Agora tiene algún divertimiento que me lo roba. ¡De por fuerza! Me quería por los quereres del mundo, y alguna bruja le hizo mal de ojo, pues se pasan para mí los días sin probar de la su parte un consuelo de amor. Parece, talmente, olvidado que soy mujer y moza. Me crea que no, en todo el mes no hemos deshecho esa cama. ¿Ha visto una brasa en el hogar, que es tal como un sol pequeño, y la meten en el cántaro y sale hecha un carbón oscuro como la noche? Tal le ha sucedido con sus ardores al rey de mi alma, y también rey de mi cuerpo, pues no vale que él lo desprecie para que no sea suyo.

DON FARRUQUIÑO.—Mal hecho. Concluirás por secarte, que las mujeres como las plantas necesitan su riego.

LA PICHONA.—¡Nunca dijo mayor verdad!

DON FARRUQUIÑO.—Tanto me conmueven tus quejas que estoy dispuesto a consolarte. Vamos a deshacer esa cama, Pichona.

LA PICHONA.—No sea faccioso.

DON FARRUQUIÑO.—¡Lucrecia pudibunda, te asusta el incesto?

LA PICHONA.—Hable en cristiano, déjese de latines.

DON FARRUQUIÑO.—No son latines, Pichona.

LA PICHONA.—Para mí como si lo fueren, puesto que no alcanzo lo que quiere decir.

DON FARRUQUIÑO.—Pero lo imaginas.

LA PICHONA.—Magino que será alguna picardía.

Torna la moza a sentarse bajo el candil: Pone la almohadilla en el regazo y mientras desenreda los bolillos, tiene en la boca los alfileres que luego va clavando en la onda del encaje.

DON FARRUQUIÑO.—Pichona, cuando cante misa, te llevaré de ama. ¡Buena vida nos aguarda! Tú tienes ricas manos para rellenar morcillas, y cebar capones, y guisar compotas, que es lo necesario para ser ama de cura, Pichona.

LA PICHONA.—¿No teme que lo descomulgue el Santo Padre?

DON FARRUQUIÑO.—Para evitar ese contratiempo, tendrías que llamarme señor tío.

Ríe LA PICHONA. DON FARRUQUIÑO *se acerca y la pellizca. Ella le clava un alfiler en la mano, y redobla la risa. Pulsan en la ventana y la moza se encrespa con el rondador de la calle.*

LA PICHONA.—¡Así estés toda la vida tocando a muerto! ¡Que no andes tres pasos sin quebrarte una pierna! ¡Tiñoso! ¡Piojoso! ¡Sarnoso!

DON FARRUQUIÑO.—Euménide mereces ser llamada, y no Pichona.

LA PICHONA.—No ponga alcuños que luego quedan. A ustede tampoco le gustaría que le dijese Don Repenico. Y lo es, y habrá de serlo toda la vida, que para eso tiene toda la cara repenicada de las viruelas. Fue Dios Nuestro Señor quien le puso ese alcuño.

DON FARRUQUIÑO.—Pichona, me parece que no te llevo de ama.

LA PICHONA.—Para más me estimo.

Se oye el paso de un rocín, y luego al jinete que descabalga. LA PICHONA *abre la puerta. Entra* CARA DE PLATA *tirando de las riendas al caballo.* LA PICHONA *vaga en torno con aire sumiso y amoroso.*

CARA DE PLATA.—¿Pichona, tienes un puñado de maíz para el rocín?

LA PICHONA.—No tengo ni un grano.

CARA DE PLATA.—¡Pues que ayune!

DON FARRUQUIÑO.—Ahora le llevaremos a donde podrá darse un hartazgo de yerba. Tenemos que llegarnos al cementerio de la Orden Tercera.

LA PICHONA.—¡Al cementerio! ¿Y a qué van al cementerio? No será a rezar por sus difuntos. ¡Mi alma, así me diesen una onza de oro no iba de noche! A un curmano de mi madre que hizo la aventuranza de ir y traer un hueso se le apareció la Santa Compaña... ¡Y de allí a poco tiempo dio en ponerse amarillo como la cera y murió!

DON FARRUQUIÑO.—No tengas miedo, yo sé un exorcismo para la Santa Compaña.

CARA DE PLATA.—Vamos allá.

DON FARRUQUIÑO.—Pon al fuego un caldero grande con agua, Pichona.

LA PICHONA.—Pondré el de la colada.

DON FARRUQUIÑO.—Y dame un saco si tienes.

Un poco atónita, LA PICHONA *le da el saco, y los segundones salen a la callejuela sin responder a las preguntas de la moza, que al verlos desaparecer atranca la puerta, llena de curiosidad y de miedo.*

ESCENA SEXTA

La callejuela. Un perro escarba en un muladar. Llueve. CARA DE PLATA, *que conduce su rocín de las riendas, oye atento las razones de* DON FARRUQUIÑO.

DON FARRUQUIÑO.—Vamos al cementerio de la Venerable Orden Tercera. Se trata de hacernos con un esqueleto para venderlo al Seminario. Ya tengo hablado y están deseándolo, porque no vale nada el que hoy tenemos en el aula de Historia Natural. Es un esqueleto formado con huesos reunidos poco a poco y que no se corresponden. Las tibias, una es de enano y otra de gigante. ¡Buen esqueleto el que yo he vendido cuando estudiaba en el Seminario de Santiago! El que teníamos allí también era una visión.

CARA DE PLATA.—¿Y te dieron una onza?

DON FARRUQUIÑO.—No los pagan más. ¿Te parece poco?

CARA DE PLATA.—Como nunca he tratado en esqueletos, no sé qué decirte.

DON FARRUQUIÑO.—Hermano, una onza nunca es de despreciar.

CARA DE PLATA.—Yo te ayudaré sin interés alguno. ¡Una onza es ruin fortuna para repartirla entre los dos!

DON FARRUQUIÑO.—Creso, el latino, no hablara con mayor desdén. ¡Y, sin embargo, esta tarde hubieras vendido tu alma por cuatro pelos de una pelucona!

CARA DE PLATA.—Pero esta noche amaneció para mí. Xavier Bradomín me abre su bolsa, y me manda con una misión de confianza al campo de Don Carlos. Dentro de algunas horas debo ponerme en camino.

DON FARRUQUIÑO.—Has hecho tu suerte.

CARA DE PLATA.—Creo que sí. Solamente me apena tener que dejar a la pobre Pichona.

DON FARRUQUIÑO.—Nómbrame a mí tu heredero.

CARA DE PLATA.—Si no entra en un convento, la dejaré a los usureros para pago de deudas.

Sigue lloviendo. Los segundones bajan por la cuesta de San Francisco donde está el cementerio de la Venerable Orden Tercera. Se detienen ante la reja coronada por una cruz. La luna, anubarrada, se levanta sobre los negros cipreses que bordean la tapia y esclarece en el fondo, las ruinas de una iglesia románica, que sirve de osario. Los dos segundones miran por la reja.

DON FARRUQUIÑO.—Tendremos que saltar la muralla. Yo subiré primero. Ayúdame.

CARA DE PLATA.—¿Y después quién me ayuda a mí?

DON FARRUQUIÑO.—Ya dentro, yo te abriré la puerta.

CARA DE PLATA.—¿Por el lado de la iglesia, no estaba caída la muralla?

DON FARRUQUIÑO.—La han levantado.

DON FARRUQUIÑO *se encarama, con ayuda de su hermano y una vez sobre la cresta salta al otro lado. Con la muralla por medio hablan los dos segundones.*

DON FARRUQUIÑO.—Por poco me rompo una pierna.

CARA DE PLATA.—Pues ahí te hubieras quedado hasta mañana.

DON FARRUQUIÑO.—No había visto una cruz medio enterrada en la yerba. Si es aviso del cielo, ya llega tarde.

CARA DE PLATA.—Ahora sólo falta que no pueda abrirse la puerta.

DON FARRUQUIÑO.—Ya está abierta.

CARA DE PLATA *entra conduciendo de las riendas a su rocín, que olfatea la yerba húmeda de las tumbas.* FARRUQUIÑO *arrima la puerta, y los dos hermanos se alejan haciendo la ronda del cementerio, mientras el rocín pace sobre una sepultura. A espaldas de las ruinas, allí donde nadie puede verlos, buscan entre los nichos de la tapia uno que tenga las piedras desencaladas.*

DON FARRUQUIÑO.—Probemos en éste.

CARA DE PLATA.—Aquí hay otro. No puede leerse el epitafio.

DON FARRUQUIÑO.—Qué importa. Hace tiempo que no entierran por esta parte.

Afirman las manos en las argollas de bronce empotradas en una de las losas, aquella que tiene el epitafio, y tiran. Lentamente apartan la piedra, y el hueco negro y frío aparece ante ellos. DON FARRUQUIÑO *aventura el brazo dentro del sepulcro, y arrastra hacia fuera una tabla desenclavada por donde corren los gusanos. Un enjambre de mariposas nocturnas, revolotea sobre su cabeza. Con ayuda de la tabla, que se deshace entre sus manos, barre hacia la boca del nicho algunos huesos polvorientos confundidos con las hojas de un misal.*

DON FARRUQUIÑO.—Vamos a otro, que aquí es todo ceniza.
CARA DE PLATA.—Probemos en éste.
DON FARRUQUIÑO.—Falta una anilla.
CARA DE PLATA.—No importa.

Tiran de la argolla, y cuando han apartado la losa la dejan caer sobre la yerba. En el hueco del nicho se columbra el ataúd, por cuya tapa corre asustada una lagartija. Los dos hermanos lo arrastran hacia fuera y con sendas piedras lo desclavan. Entre los jirones del sudario aparece una momia negra que aún conserva parte del cabello.

DON FARRUQUIÑO.—Esta vez hemos tenido suerte. ¿Dónde está el saco?
CARA DE PLATA.—Tú lo traías.
DON FARRUQUIÑO.—Allí está sobre la yerba.
CARA DE PLATA.—Sólo falta que este compadre no quepa en él.
DON FARRUQUIÑO.—Se le hace caber.

Meten al muerto de cabeza en el saco y al entrar los pies se desprenden los zapatos deleznables y llenos de gusanos. Cruzado sobre el rocín lo sacan del cementerio, pero como unas veces se escurre y otras se ladea, en el camino, para sostenerlo acuerda montar CARA DE PLATA. *Una rondalla de estudiantes con garrotes y guitarras canta al pie de una reja en la esquina de la calle, y tienen que hacer largo rodeo.*

ESCENA SÉPTIMA

Una cocina terreña. El candil agoniza, y en el silencio de la noche se oye el borboteo del agua que hierve en un gran caldero de cobre pendiente de la gramallera. Dormita la moza al amor del fuego, y a los golpes con que llaman los segundones, se despierta sobresaltada, y va con los ojos soñolientos a des-

correr el cerrojo. CARA DE PLATA *se encorva para poder entrar a caballo, y tras él, recatado entre el tricornio y el manteo, entra* FARRUQUIÑO. CARA DE PLATA *deja escurrir la carga del borrén y el saco se aplasta sobre el piso terreño con un golpe estoposo. Los pies del muerto asoman fuera.*

LA PICHONA.—¡Santísimo Jesús!... ¿A quién mataron?
CARA DE PLATA.—No te asustes, Pichona.
LA PICHONA.—¡Santísimo Jesús! ¡Santísimo Jesús!
DON FARRUQUIÑO.—Vas a tener cerdo salado todo el año.

LA PICHONA *cierra los ojos horrorizada, y se deja caer al borde de la cama ocultando el rostro en las cobijas remendadas.* CARA DE PLATA *se acerca sonriente, y le halaga el cuello como a un perro fiel.*

CARA DE PLATA.—Quítame las espuelas, Pichona.
LA PICHONA.—¡Divino Jesús, vendrá la Justicia!
CARA DE PLATA.—No tengas miedo.
LA PICHONA.—¿A quién mataron?
CARA DE PLATA.—Al señor Ginero. ¿No te parece bien?
LA PICHONA.—¡Era un cristiano!
CARA DE PLATA.—Era un judío, Pichona.

Hincada ante el segundón, la moza le deshebilla las espuelas con las manos trémulas. DON FARRUQUIÑO, *en tanto, mete al muerto en el calero, y el agua que se vierte hace chirriar las brasas.* LA PICHONA *lanza un grito de espanto y se estrecha a las rodillas del galán hablándole con afligido murmullo.* CARA DE PLATA *sonríe.*

LA PICHONA.—¿Por qué le mataste? No fuiste tú, que eres de buena ley, fue ese otro, que es malo como un verdugo de Jerusalén. ¿Verdad que no fuiste tú? ¿Por qué has oído sus palabras? ¿No sabías que tiene el engaño de los raposos y las mañas de los lobos?

CARA DE PLATA, *siempre sonriente, la besa en los ojos y en la boca con besos largos y calientes, como prendas de amorosa juventud. La manceba suspira con celo.*

DON FARRUQUIÑO.—¿No tienes un caldero más grande, Pichona?

LA PICHONA.—Aun cuando lo tuviera no se lo daba, Iscariote.

CARA DE PLATA.—¡So!... No te desboques, Pichona.

LA PICHONA *vuelve a suspirar sobre el hombro del segundón, y con los brazos en torno de su cuello, dulcemente, le arrastra al borde de la cama. Crujen las tablas.* CARA DE PLATA *desliza una mano entre los tibios y blancos pechos de la manceba.*

LA PICHONA.—Espera a que se vaya tu hermano.

CARA DE PLATA.—Qué importa.

LA PICHONA.—Tengo vergüenza...

CARA DE PLATA.—¡Rica!

LA PICHONA.—¡Mi rey!

Se tienden sobre la cama abrazados y comienzan a besarse. DON FARRUQUIÑO *se vuelve y los contempla con alguna malicia.*

DON FARRUQUIÑO.—¿No hay un sitio para mí?

CARA DE PLATA.—Ya tienes tu pareja en el caldero.

LA PICHONA.—¡Divino Jesús!

DON FARRUQUIÑO.—Es una vieja que parece de cordobán. Tiene la piel pegada a los huesos y no la suelta. Bien hacéis en divertiros, porque esto va para largo.

LA PICHONA.—Tesorín, dile que apague la luz.

CARA DE PLATA.—¡Qué remilgos de monja!

LA PICHONA.—Díselo.

CARA DE PLATA.—Hermano, tu cuñada te ruega que apagues el candil.

DON FARRUQUIÑO.—Que perdone mi cuñada, pero yo no renuncio a las buenas vistas.

LA PICHONA.—¡Iscariote!

La moza, con los ojos brillantes y los pechos fuera del justillo, se incorpora quitándose un zapato que arroja al candil. En la sombra de la chimenea el gato, tiznado de ceniza, maúlla y enarca el lomo, mientras el candil se columpia y se apaga esparciendo un olor de pavesa. Los maullidos del gato continúan en la oscuridad, y acompañan el hervir del agua y el voltear del cuerpo que cuece en el caldero, asomando unas veces la calavera aún recubierta por la piel, y otras una mano de momia negruzca y engarabitada.

DON FARRUQUIÑO.—¡Un rayo me parta si no es el cuerpo de una bruja! Está como mojama dura y no es posible hacerle soltar los huesos. Le doy con las tenazas y suenan como en una pandera vieja. La otra vez, me acuerdo que apenas echamos el cuerpo a cocer se quedaron mondos los huesos. Es lo que hacen los rabadanes para limpiarlos del sebo... ¡Un rayo me parta, si no es una bruja!...

Se oye el golpe de las tenazas sobre las costillas de la momia, y los suspiros de la manceba y el rosmar del gato.

CARA DE PLATA.—Ésta dice que no reces, Farruquiño.

LA PICHONA.—¡No me asuste ahora, cuerpo de tal!

DON FARRUQUIÑO.—¡Así te lleve el Demonio!

LA PICHONA.—A ustede, lo ha de llevar de los pelos.

CARA DE PLATA.—¡Que te como la lengua, Pichona!

LA PICHONA.—¡Tesorín de la Pichona!

Canta un gallo y poco después una campana toca a misa de alba. DON FARRUQUIÑO *reniega con mayor furia, y su hermano, ya incorporado en el camastro, ríe con francas carcajadas. En los resquicios de la ventana comienza a rayar el día.*

DON FARRUQUIÑO.—Tengo que entrar en el Seminario antes de que salga el sol... ¡Maldita suerte!

CARA DE PLATA.—Pues tú dirás qué hacemos.

DON FARRUQUIÑO.—No hay más que volver con la bruja al cementerio.

CARA DE PLATA.—Pues vamos allá antes de que claree.

LA PICHONA.—¡No era tal, el señor Ginero!

CARA DE PLATA.—Ya oyes que es una bruja.

LA PICHONA.—¡Divino Jesús! ¡Divino Jesús!

DON FARRUQUIÑO.—Poco te lamentabas hace un momento.

LA PICHONA *gimotea acurrucada en el camastro, con la cara entre las manos. Los segundones apartan el caldero de la lumbre, vierten el agua en un sumidero y meten en el saco a la momia horrible en su desnudez negruzca y rugosa.* DON FARRUQUIÑO *la carga sobre el rocín, y sale tirando de las riendas.* CARA DE PLATA *pone sobre el hogar un puñado de dinero que saca del bolsillo, gana la puerta y en el umbral se despide de la manceba que sigue gimoteando.*

CARA DE PLATA.—¡Adiós, Pichona! Puede ser que no volvamos a vernos porque me voy con los carlistas.

LA PICHONA.—Ya lo sabía.

CARA DE PLATA.—¿Quién pudo decírtelo si lo decidí esta noche?

LA PICHONA.—Las cartas de la baraja me lo dijeron.

CARA DE PLATA.—¡Adiós!

LA PICHONA.—Llévese su dinero.

La moza habla con voz sorda y entenebrecida, los dedos enredados en la crencha y el rostro escondido en la almohada. CARA DE PLATA *cierra la puerta de un golpe, y al alejarse cree oír un sollozo desgarrador. Apresura el paso para juntarse con su hermano, y caminan a la par, silenciosos, recelando a cada momento toparse con alguna beata madrugadora, de las que van a misa de alba. Cuando llegan a la puerta del cemen-*

terio no pueden menos de reír al verse libres de aquel cuidado. Farruquiño se afirma el tricornio, se tercia el manteo, coge el saco por el cuello, y dándole dos vueltas en el aire lo arroja por encima de la tapia. Al caer produce un golpe sordo que tiene un eco en la calle.

DON FARRUQUIÑO.—Era una vieja de cordobán.

CARA DE PLATA.—Debía de ser la tía Dolores Saco. ¡Maldita vieja! En vida hizo testamento en favor de la criada y de muerta ni los huesos quiso dejarnos. Por su poco amor a la familia estará dando vueltas en el Infierno.

Los segundones se alejan, y al final de la calle se separan. CARA DE PLATA *pone su rocín al galope, y se pierde entre los álamos del río cuando una campana toca al alba con alegría, y dos beatas bajan la cuesta para oír la misa en la Venerable Orden Tercera.*

ESCENA OCTAVA

Un salón en la casa infanzona. Es ya media mañana. DON JUAN MANUEL *pasea de uno a otro testero, pasea desde el alba en que abandonó su lecho después de haber arrojado con bárbaro y musulmán desdeño a su nueva barragana. El bufón levanta el cortinaje de la puerta y da un paso tambaleándose. Su amo le mira con tristeza.*

EL CABALLERO.—¿Quién te ha llamado?

DON GALÁN.—¡Jujú! Si me hubieran llamado habríame hecho el sordo.

EL CABALLERO.—Ya no me divierten tus burlas. ¡Estoy demasiado triste, imbécil!

DON GALÁN.—El que está triste, siempre lo está demasiado.

EL CABALLERO.—Siento como si un gusano me royese el corazón.

DON GALÁN.—Es el pensamiento: Un cuervo loco que por veces húyese de la cabeza y se esconde en el pecho.

EL CABALLERO.—¡No puedo olvidarla!

DON GALÁN.—Estos ojos la han visto, a orilla del río.

EL CABALLERO.—¡Ten cuidado con las burlas, Don Galán!

DON GALÁN.—¡Jujú! ¡Se ha hecho pastora! ¡Quién lo pensara!

EL CABALLERO.—Despides un vaho de vino que marea.

DON GALÁN.—Ésas son figuraciones. Un vaso he bebido para refrescarme, pero nunca estuve más en mis cabales. ¡Cuitado de mí, había de mercar en vino la soldada del año, y aún no me podrían decir borracho!

EL CABALLERO.—¡He de pisarte como a un racimo!

DON GALÁN.—¡Jujú! Atienda mi amo qué guapo trenzado de pies, y diga luego.

DON GALÁN *hace un punto de baile tambaleándose.* EL CABALLERO *le contempla con desdeñosa tristeza, y vuelve a continuar su paseo entenebrecido y suspirante, con la cabeza caída sobre el pecho.*

EL CABALLERO.—¡Sin duda ha muerto! Esta pena que cubre mi alma es porque lo adivina.

DON GALÁN.—Yo he visto a Doña Sabelita.

EL CABALLERO.—Se te habrá aparecido muerta.

DON GALÁN.—Me pidió con mucho duelo que a nadie dijese dónde se ocultaba... ¡Tente lengua!

DON GALÁN *se da con la mano en los labios vinosos, y ríe con su risa bufonesca, que parece brotar sobre el belfo amoratado y reluciente, como en una rústica fontana brota el agua sobre el belfo limoso, de una máscara de piedra.* EL CABALLERO *vuelve a suspirar.*

EL CABALLERO.—¡Aquellas manos, que otras veces me servían como a su rey, están ya frías! También a mí se me apareció el alma en pena. En las manos llevaba un rosario que era como una gran cadena, y lo llevaba arrastrando.

DON GALÁN.—Acaso fue también aparición del otro mundo la que yo tuve. Necesita oraciones para su descanso, y en tanto no las consigue, el alma vaga en pena.

EL CABALLERO.—Mañana se dirán cien misas en la capilla de mi casa.

DON GALÁN.—Mi amo, recemos nosotros dos por Doña Sabelita.

EL CABALLERO.—Hace mucho que tengo olvidado el rezar.

DON GALÁN.—No sea judío, mi amo.

EL CABALLERO.—Mañana cantará mil responsos Don Manuelito.

DON GALÁN.—¡Mil responsos! ¡Jujú!

EL CABALLERO.—Creo que eso vale más que nuestras oraciones, Don Galán.

DON GALÁN.—¡Mil responsos libertan de penas a cualquier ánima! Mas eso no quita para que recemos nosotros, mi amo.

DON GALÁN *se arrodilla, y hace la señal de la cruz con esa torpeza indecisa y sonámbula que tienen los movimientos de los borrachos. La imagen del bufón aparece en el fondo de un espejo, y* EL CABALLERO *la contempla en aquella lejanía nebulosa y verdeante como en la quimera de un sueño. Lentamente el cristal de sus ojos se empaña como el nebuloso cristal del espejo.*

EL CABALLERO.—¿Tú sabes rezar, Don Galán?

DON GALÁN.—Como el Padre Santo.

EL CABALLERO.—Empieza.

DON GALÁN.—¡Mi amo, y si no es muerta? Yo la vide y me habló. ¡Tente lengua! Un responso por el eterno descanso de Doña Sabelita. Mi amo, no tenemos hisopo ni caldero.

EL CABALLERO.—Calla, borracho, que quiero rezar y me distraes.

EL CABALLERO *permanece absorto, con la frente inclinada sobre el pecho y las manos en cruz.* DOÑA MARÍA *entra sin ruido, y se acerca al ensimismado* CABALLERO.

DOÑA MARÍA.—¿Rezas?

EL CABALLERO.—¡Rezo por ella!... María Soledad, ¿quieres que recemos los dos, porque yo solo me pierdo?...

DOÑA MARÍA *se arrodilla, y guía el padrenuestro, que acompañan el hidalgo y el bufón. Al terminar se pone en pie* EL CABALLERO.

EL CABALLERO.—María Soledad, reza tú sola porque mis oraciones de nada valen, y no pueden ser atendidas en el Cielo. Soy un gran pecador y temo que los bienaventurados se tapen los oídos por no escucharme. ¡Reza tú que eres una santa!

Con ademán soberano acaricia la plateada cabeza de la dama, y sale. DON GALÁN *hace una carantoña bufonesca, y rezonguea con lengua estropajosa, arrodillado a espaldas de* DOÑA MARÍA.

DON GALÁN.—Dice mi amo que es ánima en pena. ¡Jujú! Yo la he visto vestida con mantelo y madreñas.

DOÑA MARÍA.—¿Tú has visto a mi ahijada?

DON GALÁN.—Habíame dicho mi amo: Búscala, Don Galán. Y díjele a los canes: Andai conmigo, hermanos, rastreade bien. ¡Jujú!

DOÑA MARÍA.—¿Dónde la has visto?

DON GALÁN.—¡Mi amo irá por ella y otra vez la traerá a la casona! ¡Jujú!

DON GALÁN *ríe sentado enfrente de la dama.* MICAELA LA ROJA *asoma en la puerta, y gruñe con su autoridad de criada antigua.*

LA ROJA.—¿Qué hace aquí ese borracho? ¡Anda a dormir, Don Galán!

DOÑA MARÍA.—¿Será verdad lo que dice? ¿Habrá visto a mi ahijada?

DON GALÁN.—¡No hablarás, boca de tierra!

LA ROJA.—En la cocina contó que medio muerta, la recogieron unos aldeanos de Brandeso.

DON GALÁN.—¡No hablarás, boca de tierra!

LA ROJA.—Asegura haberla visto, y que se arrastraba de rodillas, clamando que si el amo iba por ella, la hallaría muerta. ¡La pobre cordera teme volver al pecado!

DON GALÁN.—¡Cuida que hasta las manos te besó, Don Galán! ¡Manos negras, manos de trabajo, no merecíais el regalo de que os tocase aquella boca de carabel!

DOÑA MARÍA.—Esta noche tuve una visión que llenó mi alma de remordimiento. Un sueño que fue como un aviso del Cielo.

LA ROJA.—Somos hijos de pecado, y no podemos alcanzar el misterio de las ánimas que nos visitan dormidos, ni entender sus avisos.

DOÑA MARÍA.—Alguna vez en el sueño, nuestra alma oye y entiende sus voces, pero al despertar pierde la gracia y olvida...

LA ROJA.—El día es como un gran pecado, y pone tinieblas en los ojos que han visto y en los oídos que escucharon...

DOÑA MARÍA.—Roja, iré a donde está esa criatura, y le diré que vuelva a ser mi hija.

LA ROJA.—¡Dama María, mi señora, mi gran señora, hija de mis entrañas! ¡Si talmente parece un ejemplo de los santos, cuando andaban por el mundo!

DON GALÁN.—¡No hablarás, boca de tierra!

LA ROJA.—¡Álzate del suelo! Espabílate, borracho, que estás en presencia de nuestra ama. Espabílate, que tienes de acompañarla a donde está Doña Sabelita.

El bufón ríe con su risa vinosa y grotesca, y se revuelca sobre la tarima hostigado por el zueco de la vieja. DOÑA MARÍA, *sentada en un sillón, ha quedado como abstraída.*

JORNADA QUINTA

ESCENA PRIMERA

Una gran antesala en la casa infanzona. Están cerradas las ventanas, donde bate el sol de la tarde, y en la vaga oscuridad se presiente el bochorno de la siesta. Sobre un arcón están las jalmas de una montura, y al pie un sarillo con su gran madeja de lino casero, a medio devanar. Dos tórtolas, prisioneras en una jaula de mimbres, cantan encima de la puerta que se abre sobre la solana, en la sombra de una parra. LIBERATA *hila sentada en el umbral.*

LIBERATA.—¡Rosalva!... ¡Juana!... ¿Qué hacéis en la cocina? Venid para aquí.

ROSALVA.—Ahora vamos.

Las criadas salen con sus ruecas, y van a sentarse en dos taburetes, cerca de la molinera, como azafatas a los pies de una reina. LIBERATA *las mira risueña.*

LIBERATA.—¿Fuese Doña María?

LA MANCHADA.—Fuese. Siempre dije que nunca mucho tiempo estaba en la casona.

ROSALVA.—Ya eres el ama, Liberata.

LA MANCHADA.—Y por muchos años lo seas. Confiésote mi culpa, y no he de negarte que en un comienzo te miraba con mala voluntad, pero bastaron dos días para que te cobrara ley.

ROSALVA.—A mí sucedióme lo mismo.

LA MANCHADA.—Ingrata serías si otra cosa te ocurriere. ¿Quién te ha dado el mantelo que llevas, y el justillo, y hasta la camisa? Desnuda estabas y te ves vestida como una Infanta de las Españas.

LIBERATA.—A ti tengo de regalarte aquella gargantilla de los corales que me mercó el amo cuando aún estaba rapaza.

LA MANCHADA.—Si no eres celosa, has hecho tu suerte. Ya eres aquí la reina.

LIBERATA.—¡Qué tengo de ser la reina! Soy una criada como vosotras. ¿No sabéis cuánto el amo suspira por Doña Sabelita? Mañana, si no es hoy, la veremos entrar por esta puerta. De por fuerza le ha dado algún hechizo para tener así cautivo su corazón.

LA MANCHADA.—Contra hechizos hay hechizos, y si una bruja sabe mucho, dos saben más.

ROSALVA.—Los hechizos se rompen.

LA MANCHADA.—¿Por qué no ves a la Saludadora de Céltigos? Ésa sabe palabras de conjuro y tiene remedios para congojas de amores.

LIBERATA.—Ya la he visto.

ROSALVA.—¿Y qué te ha dicho?

LIBERATA.—Díjome que si hay hechizo, para romperlo precisaba una prenda que hubiese llevado mucho tiempo Doña Sabelita. Como no la tenía, quedó en venir por ella.

ROSALVA.—¿Vendrá hoy?

LIBERATA.—Ahora la espero. ¿Vosotras no podríais darme esa prenda?

ROSALVA.—Yo guardo un pañuelo bordado, regalo suyo. Te lo daría, pero temo que le venga algún mal.

LIBERATA.—¡Ave María, rapaza! ¿Por qué ha de venirle mal?

ROSALVA.—¡Cuéntanse tales cosas de la vieja de Céltigos! Una moza que había en mi aldea fue a verla para que le diese un hechizo con que retener a un hombre casado. Dióselo, pero fue tal, que al día siguiente la que era su mujer se murió abrasada.

Óyese llamar en el postigo de la cocina. LIBERATA *se pone en pie y escucha: Vuelven a llamar con golpes furtivos y misteriosos. Las tres mujeres se miran, y en sus manos tiemblan suspendidos los husos.*

LIBERATA.—¡Ya está ahí! ¿Negarásme el pañuelo, Rosalva?
ROSALVA.—¡Que no sea para mal!

Entre medallas de cobre, y cortezas de borona, saca de la faltriquera un pañuelo doblado y se lo entrega. LIBERATA *va a la puerta y abre con sigilo. La Saludadora de Céltigos aparece en el umbral encapuchada con un manteo: La bruja y la barragana, juntas y en silencio, atraviesan la sala. Cuando desaparecen, se miran con susto* LA MANCHADA *y* ROSALVA.

LA MANCHADA.—Rapaza, por todo el oro del mundo no hiciera lo que ahora has hecho.
ROSALVA.—¿Vendrále algún mal a Doña Sabelita?
LA MANCHADA.—Yo no cargara mi alma con ese recelo.

ESCENA SEGUNDA

Una casa labradora, sobre un viejo camino cerca de Viana del Prior. Dos mujeres platican en el fondo del zaguán que tiene oscura techumbre de castaño, cuartelada por una viga donde la abuela, en el tiempo de la vendimia, cuelga los grandes y dorados racimos. La puerta abierta, deja ver un fondo de colinas por donde los pastores conducen sus rebaños, y del interior de la casa llega el canilleo de un telar. Aquellas dos mujeres que platican son LA PREÑADA *y* LA SUEGRA.

LA PREÑADA.—Mucha codicia dase mi padre a mover la lanzadera.

LA SUEGRA.—Tiene de entregar una tela al ama del Señor Arcipreste.

LA PREÑADA.—¿No hacía pensamiento de llegarse a la villa?

LA SUEGRA.—Paréceme que ya mudó la idea, y que seré yo quien haya de verse con el señor Don Juan Manuel. También tengo el corazón compasivo, mas no hemos de seguir toda la vida en un ínterin.

LA PREÑADA.—¿No dice cosa ninguna la señora mi comadre?

LA SUEGRA.—Nada dice, y ésta es la hora que aún no determina de caminarse. Bien está una caridad, mas no podemos tenerla siempre como una recogida, que hartos trabajos cuesta vivir, y una boca más en todas las ocasiones es un pan más fuera del horno y un cuenco más de la fabada.

LA PREÑADA.—¡Fortuna que no cata el vino!

LA SUEGRA.—Compréndese que la cuitada no quiere ser gravosa, pues aun cuando dice que nunca lo ha catado, paréceme solamente un decir por la vergüenza que le da. ¡Cuando la oigo suspirar toda la noche desvelada, éntrame una pena! Te lo digo, mi hija, si tuviese posibles como tengo para ella buen corazón, nunca la dejaría partirse de mi vera.

LA PREÑADA.—¡Y qué será de la triste! Tiene contado mi padre que cuando el rapaz le dio alcance, arrodillóse en la ribera diciéndole que la dejase morir, porque sus penas eran más que las estrellas del cielo.

LA SUEGRA.—Primero de verla partirse sola por esos campos, como una paloma sin palomar, tengo determinado llegarme a la villa, si tu padre no lo hace, y pedirle un socorro al señor Don Juan Manuel. La señora vivió mucho tiempo en la su compaña, y aun magino que tuvo un hijo que se está criando en San Clemente de Brandeso.

LA PREÑADA.—Pues tan gran caballero no puede dejarla en el triste desamparo que ahora se ve. Extráñame que la señora mi comadre no le tenga enviado a decir dónde se halla recogida. ¡Mas clama que prefiere la muerte antes que descubrirle este retiro!

LA SUEGRA.—¡Celos con rabia a la puerta de la casa! Hallábase acostumbrada a ser la reina, y no quiso partir la vara con la mujer de Pedro Rey. Yo bien la aconsejo: Hay que tener paciencia en este mundo, y el mayor sonrojo ya lo había pasado, pues no hay otro más grande que condenar el alma y perder la gracia de Dios.

Sigue un largo silencio. LA PREÑADA *levanta el demacrado perfil, y queda como en éxtasis. Cuenta con murmullo de plegaria los saltos del hijo, en el claustro de la entraña llena de virtud mística y sagrada. Aquella estancia con su oscura techumbre de castaño, y el telar que llena la casa, tiene esa paz familiar, ingenua y campesina que se siente como un aroma de otoñales manzanas, conservadas para la compota de Noche Buena.*

ESCENA TERCERA

SABELITA *está sentada a la sombra de unas piedras célticas, doradas por líquenes milenarios. Desde el umbral de la casa se la divisa guardando una vaca, en lo alto de la colina druídica que tiene la forma de un seno de mujer.* SABELITA *ha cambiado tanto que apenas evoca su recuerdo. Lleva ahora atavíos de aldeana, camisa de estopa, refajo remendado y madreñas. La vaca, una vaca marela, alarga el yugo mordisqueando la yerba, que brota en la sombra de aquellas piedras sagradas. De pronto, por entre unas breñas aparecen dos perros: Son los galgos que en el zaguán de la casa infanzona suelen verse atados de una cadena.* SABELITA *palidece al reconocerlos, y otea hacia el camino con ojos asustados, mientras los perros retozones y saltantes, acuden con ladridos de júbilo a lamerle las manos. Un hombre sube por la falda de la colina: Es* DON GALÁN *que llega acezando.*

DON GALÁN.—¡Alabado sea Dios! Vengo en una carrera desde la villa.

SABELITA.—¡Qué susto me han dado los perros!

DON GALÁN.—¡Jujú! ¿Cuidó sin duda, que venía el señor Don Juan Manuel? ¿Maginóse que yo le había contado cómo, por un casual, teníala visto en la ribera del río?

SABELITA.—¡Lo que temí, no sé!

DON GALÁN.—La señora mi ama es quien viene a visitarla.

SABELITA.—¿Tú le has dicho dónde yo me ocultaba?

DON GALÁN.—¡Así muerto me entierren, si palabra le dije!

SABELITA.—¿Y cómo lo supo?

DON GALÁN.—¡Mía fe, que no lo discierno! Presumo que habrá tenido revelación, porque muy de mañana me llamó y me dijo de esta conformidad: Don Galán, tú has visto a mi ahijada, y es preciso que me lleves a donde está, para que mi alma se libre de un gran pecado. Anda y avisa que aparejen la pollina. ¡Jujú! Yo quedéme maginando si sería revelación de un ángel o cuento de Micaela. La gran raposa habíame estado sonsacando, y diome torrijas del yantar del amo, y subió de la cueva por me desatar la lengua, un jarro de vino de la Arnela.

SABELITA.—¡Y tú, necio, se lo has contado todo!

DON GALÁN.—¡Jujú! Contóselo el jarro. Pero no suspire, que ningún mal habrá de venirle por esa visita. Doña María viene para llevársela consigo, y sacarla de guardar la vaca y comer caldo de unto. ¡Jujú!

SABELITA.—Es preciso que no me vea.

DON GALÁN *sentado sobre la yerba, mueve la cabeza con gravedad lenta y triste. Después descuelga el zurrón que trae a la espalda, y se lo presenta a* SABELITA. *En los ojos del bufón hay una llama de tímida y amorosa ternura.*

DON GALÁN.—Cordera, aquí le traigo un pichón estofado que da gloria. ¡Jujú! Un abade no lo toma mejor. También le traigo dos manzanas de sangre, las primeras que se cogen este año. ¡Mírelas qué lindas!

SABELITA.—Es preciso que no me vea Doña María.

DON GALÁN.—Paloma del palomar del rey, no eres nacida para comer caldo de unto.

SABELITA *calla suspirando, y lentamente sus ojos se arrasan de lágrimas.* DON GALÁN *extiende una servilleta sobre la yerba, y saca del zurrón la vianda.*

SABELITA.—Vuelve a guardar todo eso, y lleva la vaca a su establo, que yo voy al encuentro de mi madrina.

DON GALÁN.—No desprecie el don de un pobre, Doña Sabelita. Tome tan siquiera esta manzana.

SABELITA, *toma una manzana encendida como las rosas, y suspira gozando aquel aroma de bálsamo y de flor. Después sus ojos se detienen amorosos en la vaca marela que pace a su lado arrastrando el ronzal.*

SABELITA.—¡Si pudiese no pensar en las tristezas de mi vida, y ser como tú, pobre *Marela!*... Llévala a su dueño, Don Galán.

DON GALÁN *se enrolla a la muñeca el ronzal de la vaca, y alarga el belfo vinoso para beberse una lágrima.* SABELITA *se aleja por un sendero entre maizales que bajan a la orilla del río, y en sus manos pálidas, la manzana de sangre parece un corazón.*

ESCENA CUARTA

La orilla del río. Arrodilladas en la arena, lavan dos mujerucas, y los pardales de una nidada pían escondidos en el mimbral que tiende su cabellera sobre el espejo del remanso. A lo lejos se perfila un puente romano por donde cruza la recua de un arriero. SABELITA *sube por la ribera, con la mirada está-*

tica y al reconocerla se asombran las dos lavanderas: JUANA LA GAZULA *y* ANDREA LA VISOJA.

LA GAZULA.—¿Rapaza, tú distingues quién viene por allí?

LA VISOJA.—¿Pues quién es, rapaza?

LA GAZULA.—¡Asombráraste! Doña Sabelita vestida de mantelo. Agora nos ha visto.

LA VISOJA.—¿Adónde irá por estos campos sola? Dijéronme, y no lo había creído, que ya no estaba a la vera del Señor Don Juan Manuel.

LA GAZULA.—De por fuerza está adolecida. ¿No lo miras cómo se entra en el río?...

LA VISOJA.—¡Virgen Santísima!

Las dos mujerucas se yerguen despavoridas. SABELITA *está en medio del río y la corriente la arrebata. Las mujerucas gritan y piden socorro con los brazos en alto. En la otra orilla,* EL BARQUERO *que dormitaba al sol, desatraca la barca, y boga ayudado por la corriente. Un bulto aparece a corta distancia sobre las aguas y vuelve a desaparecer.* EL BARQUERO *deja los remos e inclinado sobre la borda explora la corriente. Se incorpora de pronto y se arroja al río. Las aguas verdosas le cubren. Pasa un momento. Las dos mujerucas que gritaban en la orilla, han enmudecido pálidas de terror.* EL BARQUERO *aparece otra vez sobre las aguas: Nada con un brazo, y con el otro arrastra por el cabello el cuerpo de* SABELITA. *Las dos mujerucas rezan arrodilladas en la orilla, y* EL BARQUERO *las entrevé con angustia, mientras nada sesgando la corriente. Al fin sus pies tocan la arena, se yergue y sale del río llevando en brazos el cuerpo inanimado de* SABELITA. *Las dos mujerucas corren a él.*

LA GAZULA.—¡Te creímos perdido!

LA VISOJA.—¡Bien le rezamos por ti a la Virgen Santísima!

EL BARQUERO.—¡Un cirio le debo!

EL BARQUERO *sobre una piedra, se sacude al sol como los perros de agua, y contempla su barca que ha ido a dar de través en un juncal.* SABELITA *yace tendida en la ribera, y las dos mujerucas le desabrochan el justillo y procuran darle calor. Desde la vereda habla un viejo peregrino que va peregrinando a Santiago.*

EL PEREGRINO.—Volvedla boca abajo para que vierta el agua que ha bebido.

ESCENA QUINTA

Un camino cercano al río. DOÑA MARÍA *cruza al paso de su pollina, y* EL ESPOLIQUE, *que camina al flanco, espanta con una rama verde las moscas que zumban sobre el manso testuz de la bestia.*

EL ESPOLIQUE.—Algo acontece en la ribera del río, mi ama. ¿No ve allí reunida mucha gente?

DOÑA MARÍA.—Nada veo. Los años se han llevado la vista de mis ojos.

EL ESPOLIQUE.—Toda la gente que estaba labrando en los campos, baja hacia la ribera. ¿Quiere que me llegue a preguntar, mi ama? Mi ama, llego en una carrera y así también pido razón del camino, y me aseguro mejor...

DOÑA MARÍA.—Dicen que la casa está pasada la Gándara de Brandeso. ¿Tú no sabes el camino?

EL ESPOLIQUE.—Lo tengo andado cuando era rapaz. ¡Otro tiempo lo tengo andado!

EL PEREGRINO.—¡Vaya muy dichosa Dama María! Si no quiere tener un mal encuentro, pase desviado de la ribera del río, pues toda aquella gente que allí se ve, rodea a una mujer ahogada que está tendida en la arena.

La señora se santigua rezando en voz baja por la mujer ahogada, y EL ESPOLIQUE, *sin esperar la venia de su ama, baja en una carrera a la orilla del río.* DOÑA MARÍA *sigue adelante. Una* VIEJA *que guarda tres cabras sentada al borde del camino, la interroga con una salmodia.*

LA VIEJA.—Alma caritativa, ¿quieres decirme si es puesto el sol?

DOÑA MARÍA.—Tiempo hace que se puso, abuela.

LA VIEJA.—Cinco años llevo en una noche oscura, que no soy ciega de nacencia. Por tener un pedazo de pan que llevarme a la boca, guardo estas cabras de otra pobre. Los animales me conocen, y yo conozco los parajes adonde llevarlos para que puedan triscar. Soy Liberata la Manífica, que otro tiempo iba a la villa con las peras de oro y las manzanas reinetas de mi huerto. ¡Tiempos aquéllos! Después casóse una hija moza que me quedaba, partiéndose de mi vera sin más acordarse. Por tener un pedazo de pan que llevarme a la boca, guardo estas cabras de otra pobre.

DOÑA MARÍA.—¡Dios le da el Cielo a ganar! ¡Así nos lo diese a todos!

La mansa pollina de la señora sigue camino adelante, con las riendas sueltas mordisqueando por la verde orilla, y LA VIEJA, *con sus tres cabras, va trenqueando detrás: Su voz de sibila se extiende en el silencio del anochecer.*

LA VIEJA.—¡Qué triste es la espera de la muerte! Estas cabras me tienen más ley que aquella mala hija. Poco hace oí que sacaban del río a una moza ahogada, y saltóme el corazón pensando si sería esa loba, y deseé tener luz en los ojos para verla muerta. ¡Pero ni aun la muerte la quiere, y no era ella sino una cuitada que tenía desvariado el sentido! Aquí venía algunas tardes con la vaca, y un día contóme que conocía a mi hija y al caballero que la tiene con el regalo de una reina en un molino suyo. ¡Maldito había estar el vientre de las mujeres como el vientre de las mulas! Los hijos sólo sirven para nos condenar, porque cada hijo es un pecador que damos al mundo. El fuego de la mocedad nos lleva a cometer esa culpa de darle ejércitos al gran Satanás, y todos los años los inocentes que inda beben en el pecho de las madres, crucifican al Divino Señor. ¡Ay, el día de la muerte! ¡Ay, el día de la muerte! ¡Ay, el día de la muerte!

Se extingue poco a poco la voz de LA VIEJA, *que ha ido quedando muy atrás. Entre los álamos que marcan la línea irregular del río lucen algunos faroles mortecinos.* DOÑA MARÍA *avanza al paso de su montura, y de tiempo en tiempo se detiene medrosa para ver si torna su* ESPOLIQUE. *Las luces se acercan por entre los álamos. Se oye el tardo caminar de gente aldeana que se acerca con un sordo rumor de voces y de pisadas. Los galgos salen al camino horadando la maleza, y detrás asoma* DON GALÁN.

DON GALÁN.—Señora mi ama, no siga más adelante. ¡Ya no es de este mundo aquella paloma blanca!

DOÑA MARÍA.—¡No has querido perdonarme, Divino Jesús! ¡Señor, no cubras mi vida de sombras! ¡Señor, si mi vejez era ya tan triste, por qué la acabas con este remordimiento! ¡Señor, alivia el peso de mi cruz!

DOÑA MARÍA *solloza sentada sobre la orilla del camino, y en torno saltan los galgos dando ladridos de júbilo que hacen enderezar a la vieja pollina.* DON GALÁN *les habla severo y lloroso.*

DON GALÁN.—Condenados animales, estarvos quietos, ya que sois faltos de entendimiento, y no podéis alcanzar estas penas del mundo, cosas de la vida y de la muerte que solamente sentimos los cristianos. ¡Estarvos quietos, ladrones! *¡Canoso, Liberal,* no asustéis a la pollina y estarvos quietos por amor de Dios! No hace mucho saltabais como agora alrededor de aquella cordera. ¡Acordarvos mal agradecidos cómo os dio su yantar y lamisteis aquellas manos que agora están frías!

Las luces se acercan por entre los árboles. Algunos aldeanos traen a la mujer ahogada en unas andas de ramaje, cubiertas con una sábana blanca. La cabellera de la muerta cuelga fuera.

EL PEREGRINO.—Yo venía por el mismo sendero que esa pobre mujer, y me pareció que estaba loca.

LA VISOJA.—Se agarraba a las arenas del fondo y no podían desasirla. Aún trae entre los dedos las algas.

LA GAZULA.—¡Parece muerta!

LA VISOJA.—No es muerta, que el corazón le late.

LA GAZULA.—Yo puse el oído sobre su pecho y no lo sentí.

LA VISOJA.—Late muy despacio, muy despacio...

EL PEREGRINO.—¿Adónde la conducimos?

UN ZAGAL.—Estaba recogida en la casa del tejedor. Aún hoy andaba con la vaca...

LA GAZULA.—Fuera mejor conducirla a la villa.

EL PEREGRINO.—¿Tiene allí familias?

LA VISOJA.—Tuvo el regalo de una reina, mas hoy no tiene ni unas pajas donde morir.

Hablan detrás de los árboles: Se acercan lentamente. La niebla del anochecer vela los bultos y las luces. DOÑA MARÍA *se incorpora y va a su encuentro con penoso esfuerzo, sacudida por los sollozos.*

ESCENA ÚLTIMA

Sala en la casa de DON JUAN MANUEL MONTENEGRO: *Es de noche y apenas la esclarece un velón de aceite. Las dos criadas se disponen a cubrir la mesa con manteles que sacan de una alacena.* EL CABALLERO *entra huraño, y se sienta a la cabecera, en un sillón de moscovia.*

EL CABALLERO.—Decid a vuestra ama que venga a ocupar su puesto.

LA MANCHADA.—Fuese Dama María.

EL CABALLERO.—¡Todos me abandonan!... ¡Liberata! ¡Liberata!

LIBERATA.—Mande, mi señor.

EL CABALLERO.—Ven a cenar conmigo.

Permanece un momento abatido, la frente entre las manos, inclinado sobre los manteles. LIBERATA *entra con los ojos brillantes de fiebre.* EL CABALLERO, *al sentirla, se incorpora. Las dos criadas comienzan a servir, vagan en torno de la mesa, vienen y van a la cocina.* EL CABALLERO *bebe con largura, y muestra aquel apetito animoso, rústico y fuerte de los viejos héroes en los banquetes de la vieja* Ilíada. *Sentada en frente, la barragana le sirve los manjares y le escancia el vino.*

EL CABALLERO.—¿Ha estado aquí el cabrón de tu marido?

LIBERATA.—Al caer de la tarde estuvo...

EL CABALLERO.—Me había parecido entender su voz.

LIBERATA.—Es un hombre muy de bien, y por serlo tanto tiene que verse sin calzones. Otra vez volvió a presentarse en el molino uno de los hijos de mi amo.

EL CABALLERO.—¿Qué pretendía ese bandido?

LIBERATA.—Dejó allí su caballo y llevóse las dos vacas. Montado en una, del revés, con el rabo sirviéndole de freno, pasó el río.

EL CABALLERO.—¿Y por qué no le recibió a tiros ese cabrón?

LIBERATA.—Es un hombre muy de bien.

EL CABALLERO.—¿No le había dado mi escopeta y no le había dicho que yo le sacaría de la cárcel?

LIBERATA.—Fuera bueno que hubiera sido Don Pedrito.

EL CABALLERO.—¿Quién ha sido?

LIBERATA.—Cara de Plata, que se va con los carlistas... También se llevó la escopeta.

EL CABALLERO *queda un momento cejijunto, y luego ríe con su risa violenta y feudal. La molinera le llena el vaso que se en-*

rojece con la sangre de aquellos parrales donde, en la holganza de las largas siestas, solía pacer el rocín de CARA DE PLATA. *Cuando el linajudo deja de beber, entra* MICAELA LA ROJA.

LA ROJA.—¡Señor amo, qué hace sentado a la mesa con esa mala mujer, cuando la muerte está entrando por sus puertas?

EL CABALLERO.—¿Qué dices, vieja loca?

LA ROJA.—¡Escuche las voces de las almas caritativas que la sacaron del río!... ¡Escuche el gañido de los canes!

EL CABALLERO.—Estoy sordo, y agradéceselo a Dios. Lléname el vaso, Liberata. ¡Pobre vieja, sus cien años la hacen chochear! Sin duda habíase dormido en la cocina pasando las cuentas del rosario, y se ha despertado con ese sueño.

LIBERATA.—¡Asús! Miedo en el alma pusiéronme sus palabras.

Se oye en la cocina el rumor de una voz aldeana, que grave y piadosa narra entre los criados, cómo vio en las aguas del río los cabellos de una mujer, y las manos blancas asomando fuera. Glosan a coro otras voces mendigas, y en espera del aguinaldo, loan su ayuda para salvar a la cuitada que tenía desvariado el sentido. Sobre aquel murmullo codicioso y lejano se levanta trémula la voz de DON JUAN MANUEL.

EL CABALLERO.—¡Qué sucede en mi casa! ¿Esa gente habla o reza? ¿Tú has dicho, vieja loca, que la muerte entraba por estas puertas?

LA ROJA.—Sí lo he dicho.

EL CABALLERO.—¿La muerte para quién?

LA ROJA.—Para los inocentes.

EL CABALLERO.—Siendo así poco puede importarnos a los pecadores.

DON JUAN MANUEL *apura el vaso.* DOÑA MARÍA *llega por el largo corredor, y desde lejos, en una vaga penumbra, se la ve: Llega lentamente la resignada señora, y en la puerta, con grave y justiciero continente, se detiene sin hablar.* EL CABALLERO *vuelca de un puntapié el sitial de la molinera, que no osa levantarse del suelo.*

LIBERATA.—¡Que no acierte a verme, Divino Jesús!

EL CABALLERO.—Métete debajo de la mesa, can.

LA ROJA.—¡Can rabioso!

EL CABALLERO.—¡Silencio! Creí que me habías abandonado, María Soledad.

La resignada señora permanece muda y altiva ante la farsa carnavalesca del marido que esconde a la manceba debajo de la mesa. Después de un momento deja oír su voz, que suena religiosa y apagada, como la voz que atribuye la fantasía a las almas en pena.

DOÑA MARÍA.—Saldrás de esta casa, y no volverás, mientras en ella esté la pobre criatura. Nuestro Señor no quiso que muriese, y con vida la sacaron del río... La he perdonado, y vuelve a ser mi hija.

EL CABALLERO.—¿Dónde está?

DOÑA MARÍA.—¡Aquí!... Pero tú no intentes verla.

EL CABALLERO.—¡Quién me lo impediría!

DOÑA MARÍA.—¡Yo!... Yo que saldré de aquí llevándola conmigo, y que en la primera puerta pediré por caridad un rincón para las dos.

EL CABALLERO.—¡Esta casa, desde hace trescientos años, es la casa de mis abuelos!

DOÑA MARÍA.—No tardarás en volver a ella.

DON JUAN MANUEL, *con mano trémula y rabiosa coge el plato que ante él humea apetitoso, y se lo alarga a la manceba escondida debajo de la mesa, al socaire de los manteles.*

EL CABALLERO.—Hártate, can.

DOÑA MARÍA.—¡Adiós, para siempre!

EL CABALLERO.—Espera. ¿La has perdonado?

DOÑA MARÍA.—¿No te había perdonado a ti?

EL CABALLERO.—¡María Soledad, tu alma es grande y loca! ¡María Soledad, tú eres santa y si digo mentira que me lleve el Demonio! ¡Vamos, can!

De un puntapié vuelca la mesa, y entre los manteles, y el vino que se derrama ensangrentándolos, y el pan, y la sal, se arrastra la manceba. DOÑA MARÍA *se aleja.*

LIBERATA.—¡No me haga mal! ¡Por lo que llevo en mis entrañas, no me haga mal!

EL CABALLERO.—¡No ladres, cadela! Sígueme.

LIBERATA.—¡Ni aun puedo alzarme!

EL CABALLERO.—¡No ladres! Vámonos de esta casa... Sígueme, cadela.

Atraviesa los resonantes corredores, desciende la ancha escalera de piedra, y sale a la plaza silenciosa y abandonada. En la puerta, bajo el blasón que tiene en sus cuarteles espuelas de caballería y águilas de victoria, se detiene sollozando, y la luna platea su cabeza desnuda. El bufón sale del ancho zaguán y se acerca a su amo que no le ve llegar.

DON GALÁN.—¿Adónde ir con la carga de nuestros pecados?

EL CABALLERO.—No sé...

LIBERATA.—¡La noche es fiera, Virgen Santísima!

DON GALÁN.—Qué nos importa, si somos tres estrellas de la noche.

EL CABALLERO.—Tú eres una estrella porque eres un alma de Dios... Pero esa mujer es una zorra y yo soy un lobo salido, un lobo salido, un lobo salido...

Se aleja. Huye. Sus voces y sus pasos resuenan en la plaza desierta. El eco repite sus palabras fatales. Las ráfagas del viento aborrascan sus cabellos y la ola nevada de su barba. El bufón y la manceba le pierden en la oscuridad de la noche y dejan de oír sus voces.

GLOSARIO

achicar un cuartillo: El *cuartillo* es una medida para áridos, equivalente, aproximadamente, a medio litro. *Achicar* va dicho aquí con el sentido marinero de extraer el agua de algún sitio, aunque en este caso no se hable de agua, sino... de vino.

adarves: Adarve: «Muro de una fortaleza» *(DRAE).*

adolecido, -a: (Galleg.) Aun reconociendo que es también voz castellana, tanto Iglesias Feijoo (en su edición de *Divinas Palabras,* Madrid, Espasa Calpe, Col. Clásicos Castellanos) como Amor y Vázquez (1958) prefieren verla como galleguismo. De *adolecido:* «Exasperado, dícese del que está muy enfadado e inquieto, porque ha perdido la paciencia o el aguante o porque se muere de ganas de hacer algo» *(Dicc. Norm. Gal.-Cast.).*

aforro: Forro.

agonies: (Galleg.) Agoniar: «Agobiar, producir desasosiego o una intensa inquietud a alguien una persona o cosa» *(Dicc. Norm. Gal.-Cast.).*

agora: En los diálogos de personajes populares, en las novelas y obras dramáticas cuya acción se sitúa en Galicia, Valle suele preferir *agora* a *ahora.* No es tanto un arcaísmo como sí un galleguismo.

alcuños: (Galleg.) *Alcuño* o *alcume* significa «apodo, sobrenombre aplicado a una persona» *(Dicc. Norm. Gal.-Cast.).* Existe la voz *alcuño* en castellano, pero en desuso.

alferecía: «Enfermedad, caracterizada por convulsiones y pérdida del conocimiento, más frecuente en la infancia, e identificada a veces con la epilepsia» *(DRAE).*

andrómena: (Galleg.) «Embuste o invención fantástica con que se pretende engañar a alguien o desviar su atención de un asunto» *(Dicc. Norm. Gal.-Cast.).*

antier: Vulg. Anteayer.

ardidos: Ardido: «Valiente, intrépido, denodado» *(DRAE).*

Arnela: Existe un Puente Arnelas; y Arnelas es también el nombre de una aldea, en el Salnés (cfr. Smither, 1986, pág. 66).

arregañado: (Galleg.) Arregañar: «Abrir la boca enseñando los dientes, por enfado, con aire de amenaza o riendo» *(Dicc. Norm. Gal.-Cast.).*

arriéndese: El Abuelo ruega a Sabelita que vuelva, diciendo: «¡Arriéndese mi señora!» (III, 6.ª). Ruiz Fernández (1981) pone este *arrendarse* como ejemplo, entre otros varios, de la presencia de americanismos en el teatro valleinclaniano (págs. 137 y 141).

asina: Vulg. Así.

¡Asús!: Vulg. ¡Jesús!

atraillados: Atados con traílla. Traílla es «cuerda o correa con que se lleva al perro atado a las cacerías, para soltarlo a su tiempo» *(DRAE).*

avillan: Véase *pipa que avillan esta tarde.*

Azuela, vino de la: Siguiendo a Madoz, Smither (1986) recuerda que hay dos Azuela en Santander; pero lo excluye como topónimo gallego (pág. 68). Todo hace pensar que es una errata, y que se habla del vino de la Arnela. En la edición de 1907 se lee «el vino de la tierra» en este pasaje (II, 7.ª).

banquetes de la vieja *Ilíada:* Las alusiones a la Biblia (como la huida a Egipto, en III, 6.ª) o a la *Ilíada* (V, esc. última) responden a un propósito enaltecedor de la realidad, tomando lo emblemático de tales pasajes.

baqueta: «Vara delgada de hierro o madera, con un casquillo de cuerno o metal, que servía para atacar la armas de fuego» *(DRAE).*

Barbazón: La forma *Barbazón* no existe en la realidad. Es una derivación de Barbanza, nombre que designa un mote (próximo a Puebla de Caramiñal), un río y la península que termina en el cabo de Corrubedo (cfr. Smither, 1986, pág. 68).

barbollando: Véase *corrotean.*

bisoja: Bisojo, -a: «adj. Dícese de la persona que padece estrabismo» *(DRAE).*

bolina: ver *navega en bolina.*

Bradomín: No llegamos a oír al «famoso Marqués de Bradomín» en *Águila de Blasón.* Habla de él Cara de Plata, cuando anuncia que se va con los carlistas (IV, 2.ª y 6.ª), y alcanzamos a verle en una fugaz y muda aparición (III, 5.ª). Véase *Don Carlos.*

Brandeso: En la original toponimia inventada por Valle-Inclán, Brandeso y Bradomín desempeñan un papel muy relevante (cfr. Smither, 1986, págs. 75-79). Aquí se trata, únicamente, de una alusión marginal (IV, 8.ª). Véanse *San Clemente de Brandeso* y *Gándara de Brandeso.*

Camariñas, encaje de: Se trata de un tejido típico de esta localidad (prov. de La Coruña).

canilleo: Valle-Inclán inventa esta palabra, con marcado valor onomatopéyico, a partir de *canilla,* que en su 4.ª acepción es «carrete metálico en que se devana la seda o el hilo y que va dentro de la lanzadera en las máquinas de tejer y coser» *(DRAE).*

caña de Indias: Se trata del bastón hecho de rota. Rota es «planta palmácea de la India, de 60 a 80 metros de altura, de tallo fino y nudoso y hojas abrazadoras en los nudos» (María Moliner, *Diccionario de uso del español).*

carabel: (Galleg.) *Caravel:* clavel.

carlistas: Véase *Don Carlos.*

... cartas de la baraja me lo dijeron: La cartomancia, entre otras tradiciones mágicas, tiene una significativa presencia en la literatura valleinclaniana (cfr. Speratti-Piñero, 1974, págs. 121-127). Ya en *Cara de Plata* vimos a Pichona la Bisbisera echándoselas a Don Miguel Montenegro.

cátanos: El verbo *catar* es tanto castellano como gallego, pero creo que el sentido en que lo usa Don Galán —caso de emborracharse, la borrachera los encontrará ya acostados (II, 7.ª)— es más gallego que castellano. En otro momento, se dice *catar* con el habitual significado de *probar:* «¡Fortuna que no cata el vino!» (V, 2.ª).

cativo, -a: Aunque palabra arcaica en castellano, se trata de un galleguismo que Valle-Inclán utiliza con mucha frecuencia en diálogos populares. Su sentido es variable: pequeño, de escaso tamaño o edad; miserable, de mala calidad; cautivo, prisionero...

cenceño: Delgado, enjuto.

chantaría los dientes: (Galleg.) Mordería.

Chantre, El: Chantre: «Dignidad de las iglesias catedrales, a cuyo cargo estaba antiguamente el gobierno del canto en el coro» *(DRAE).*

choclear (de las madreñas): No existe *choclear* en castellano ni en gallego (al menos, el *Diccionario Normativo* no lo recoge). En castellano, *choclar,* en su 2.ª acepción, es «entrarse en una parte de golpe o con prisa». Y *choclo* significa «chanclo de madera o suela gruesa». Por contexto de la frase, comprendemos que se alude al sonido de la madera de las madreñas sobre las losas, con valor de onomatopeya: chocl, chocl...

clava: «Palo toscamente labrado, como de un metro de largo, que va aumentando de diámetro desde la empuñadura hasta el extremo opuesto; se usaba como arma» *(DRAE).*

colina druídica: Esta «colina druídica que tiene la forma de un seno de mujer» es la *mámoa.* Véase bajo este nombre.

compaña: Compañía.

Compaña, Santa: Véase *Santa Compaña.*

cordobán: «Piel curtida de macho cabrio o de cabra» *(DRAE).*

corrotean: No existe el verbo *corrotear.* Aunque sí, claro está, *corretear:* Ruiz Fernández (1981) lo señala como ejemplo de neologismo valleinclaniano a partir de una ligera desviación fónica. Lo mismo que *barbollar,* derivado de *barbullar* (pág. 272). No obstante, en la edición de 1907 se lee *corretean* en este pasaje (I, 2.ª). ¿Ultracorrección en 1907? ¿Errata en 1922?

Creso: El comentario de Don Farruquiño (IV, 6.ª) alude a Marco Licinio Craso (115-53 a. de C.), un patricio al que se tenía por el hombre más rico de Roma: de ahí el sobrenombre de «Dives» (el rico). Constituyó con César y Pompeyo —y financió— el Primer Triunvirato, que tomó el poder en el año 60 a. C.

cribera, una: (Galleg.) De *cribeiro:* «Fabricante o vendedor de cribos». *Cribo:* «Criba, instrumento con un aro en el que va sujeta una tela con agujeros o una malla que sirve para limpiar granos o separar partículas de distinto grosor» *(Dicc. Norm. Gal.-Cast.).*

cristiano viejo: Cristianos viejos son aquellos entre cuyos antepasados familiares no ha habido ningún árabe o judío. Es, pues, un concepto racista, que tuvo enorme trascendencia en la España de los Siglos de Oro, según sabemos bien hoy, gracias a las investigaciones de don Américo Castro. En *Águila de Blasón,* se trata de una alusión circunstancial, hecha por un personaje secundario: el Señor Ginero (III, 3.ª).

cuadernas: Cuaderna es «cada una de las piezas curvas cuya base o parte inferior encaja en la quilla del buque y desde allí arrancan a derecha e izquierda, en dos ramas simétricas, formando como las costillas del casco» *(DRAE).*

¿Cuándo nos echamos al campo, Son Manolito?: Véase *Don Carlos.*

cuitado, -a: «Afligido, desventurado. Fig., apocado, de poca resolución y ánimo» *(DRAE).*

curmano, -a: (Galleg.) Primo hermano.

... de cabeza en el pozo: Don Juan Manuel dice a Don Galán que si se emborracha, mandará que le metan «de cabeza en un pozo»; a lo que el criado responde con humor: «Como cuando hay sequía, al glorioso San Pedro» (II, 7.ª). Con ello se refiere a una superstición popular, que Lavaud (1992) comenta así: *«Meter un santo de cabeza en un pozo* es poner la estatua de un santo al revés, por ejemplo para forzar su mediación» (pág. 371).

deprendidas: Vulg. Aprendidas. Pero existe la forma culta *deprehender* en castellano, y *deprender,* con esta significación.

Don Carlos: Carlos María de los Dolores de Borbón y Austria-Este (1844-1909), hijo de Juan de Borbón y nieto del primer pretendiente (Carlos María Isidro) y sobrino del hijo de éste (el conde de Montemolín). De 1872 a 1876, se desarrolló la segunda —tercera, para algunos historiadores— guerra carlista. Ésta tiene en *Águila de Blasón* un reflejo secundario, pero significativo. Personajes como Cara de Plata, Bradomín y Don Juan Manuel reaparecerán en *Los Cruzados de la Causa,* primera parte de la trilogía *La Guerra Carlista.*

dueña: Que Don Juan Manuel llame «dueña» a la esposa es un llamativo arcaísmo. Dueña es el «nombre dado antiguamente a la señora o mujer principal casada» *(DRAE).* Más antiguamente aún, en la poesía provenzal, el trovador llamaba a su dama *midons* (mi dueño), y esto mismo dirán después los poetas cortesanos gallego-portugueses y castellanos.

esclavina adornada con conchas: Estas imágenes —la esclavina con conchas que era propia de los peregrinos, ese pórtico que vagamente evoca el recuerdo del Pórtico de la Gloria en la Catedral de Santiago— y otras semejantes, prestigiosas, inherentes a una tradición y una cultura galaica, aparecen de cuando en cuando, enriqueciendo y definiendo el ambiente en que se desarrolla la acción de la obra.

escomenzamos, escomiences: Vulg. Comenzar.

espolique, el: Espolique: «Mozo que camina a pie delante de la caballería en que va su amo» *(DRAE).*

estoraque: Bálsamo muy oloroso, obtenido del árbol de este nombre.

Euménide: Las *Euménides* o *Erinias,* conocidas también como las *Furias,* son divinidades violentas, terribles. «Se representan como genios alados, con serpientes entremezcladas en su cabellera y llevando en la mano antorchas o látigos. Cuando se apoderan de una víctima, la enloquecen y torturan de mil maneras» (Pierre Grimal, *Diccionario de la Mitología Griega y Romana,* Barcelona, Labor, 1966, pág. 169). En la historia del teatro se las recuerda por su participación en la *Orestiada:* persiguiendo y torturando a Orestes por haber matado ése a su madre, Clitemnestra; y, tras el perdón de Atenea, convirtiéndose en deidades protectoras.

ferrado: Medida de capacidad para áridos que varía entre 11,5 y 18 kilogramos, según las zonas. Medida de superficie que equivale de cuatro a seis áreas.

Flavia-Longa: Flavia-Longa es un topónimo inventado, a partir de Arealonga (Villagarcía) y de Iria Flavia (nombre romano de Padrón), como supone Filgueira Valverde (cfr. Smither, 1986, pág. 90).

foque: La vela mayor.

Gándara de Brandeso: Gándara: «Tierra baja, inculta y llena de maleza» *(DRAE).* Véase *Brandeso.*

Gazula, la: No encontramos, ni en castellano ni en gallego, una palabra que corresponda a este apodo del personaje. En gallego existen estos dos términos, relativamente próximos: *garxola* (que significa bocio) y el verbo *garular* (en su 2.ª acepción, «hablar mucho y sin parar»).

gorro catalán: El gorro catalán o *barretina* es de lana o de estambre, tiene forma alargada y se cierra en el extremo. Entre las diferentes barretinas, hay una llamada *de mariner,* de colores rojo y morado. El término *patriano* —a mitad de camino entre paisano y patriota— parece sugerir que es un catalán quien lo usa.

gramallera: (Galleg.) De *gramalleira:* «Caramilleras, cadena o pieza de hierro dentada que cuelga de una viga para suspender potes o calderas sobre el fuego en la *lareira» (Dicc. Norm. Gal.-Cast.).*

haldas: Faldas.

hechizo en una manzana reineta: Véase *mal de ojo.*

hisopo: Utensilio usado en las iglesias para dar o esparcir agua bendita.

huida a Egipto: Véase *banquetes de la vieja* Ilíada.

ijada: «Cualquiera de las dos cavidades simétricamente colocadas entre las costillas falsas y los huesos de las caderas. Dolor o mal que se padece en aquella parte» *(DRAE).* Recuérdese que Liberata está embarazada.

inda: (Galleg.) Adv., aún, todavía.

infanzona: Infanzón, -a: «Hijodalgo o hijadalgo que en sus heredamientos tenía potestad y señorío limitados» *(DRAE).* Véase *Vinculero.*

injertar de escudete: El injerto de escudete es «el que se hace introduciendo entre el líber y la albura del patrón una yema con parte de la corteza a que está unida, cortada ésta en forma de escudo» *(DRAE).*

Iscariote: Judas Iscariote.

jamulgas: «Silla de tijera, con patas curvas y correones para apoyar espalda y brazos, que se coloca sobre el aparejo de las caballerías para montar cómodamente a mujeriegas» *(DRAE).*

jujú: Esta exclamación de Don Galán, verdadera muletilla que le acompaña, debe relacionarse con el *jujurujú* que podemos leer en *Divinas Palabras.* En su edición, Iglesias identifica ese *jujurujú* con el *aturaxú.* El *aturaxu* es «grito de júbilo que lanzan los mozos en las fiestas acompañando las canciones» *(Dicc. Norm. Gal.-Cast.).*

ladra: (Galleg.) Ladrona.

Lantañón: «El Lantañón real se encuentra fácilmente en la margen izquierda del río Umia, a unos 500 metros arriba del moderno puente de Bayón» (Smiter, 1986, pág. 98).

lañador, un: Lañador: «El que por medio de lañas o grapas compone objetos rotos, especialmente de barro o loza» *(DRAE).*

Lucrecia: Casada con Lucio Tarquino Colatino, la virtuosa Lucrecia (m. en 509 a. C.) fue violada por Sexto Tarquino, primo del esposo. Al no poder soportar ese «deshonor», Lucrecia se suicidó.

mal de ojo: Estrictamente hablando, el *mal de ojo (mal de ollo)* es el influjo maléfico que algunas personas son capaces de ejercer sobre otras, *con la mirada.* Así parece en la explicación que da el Abuelo sobre su hija y el «mal de ojo que le hicieron siendo moza». Pero un poco más adelante, la hija lo explica a su vez en estos términos: «Una mala mujer diome un hechizo en una manzana reineta» (III, 6.ª). La expresión resulta válida en ambas frases, porque su campo semántico es muy amplio. A veces se denomina *ramo cativo,* lo que equivale ya a la posesión demoníaca. La superstición del *mal de ojo* se extiende por el folclor de toda la Península —y de Iberoamérica—, pero ofrece un interés peculiar en el de Galicia.

mámoa: (Galleg.) «Sepulcro megalítico (IV-III milenio a. C.) abundante en Galicia, que consta de una masa tumular que recubre una anta o dolmen y cuya planta, normalmente circular, mide entre 10 y 12 metros de diámetro, mientras que su altura no es nunca superior a los cinco metros» *(Dicc. Nom. Gal.-Cast.).*

manga de fraile: Véase *migueleñas.*

mantelo: (Galleg.) «Delantal, prenda de paño, generalmente negro, que se ciñe a la cintura por la espalda y cubre la parte delantera de medio cuerpo para abajo. Mantilla, prenda de paño o seda con que las mujeres se cubren la cabeza dejándola caer sobre los hombros». *(Dicc. Norm. Gal.-Cast.).*

manteo: «Capa larga con cuello, que llevan los eclesiásticos sobre la sotana, y en otro tiempo usaron los estudiantes. // 2. Ropa de balleta o paño que llevaban las mujeres, de la cintura abajo, ajustada y solapada por delante» *(DRAE).* Véase *mantelo.*

marcelinas: El *Diccionario* de la Real Academia Española no registra esta voz. Tampoco el *Diccionario Normativo Galego-Castelán.* Y tampoco lo hacen Ruiz Fernández (1981) ni Amor y Vázquez (1958). En la anterior edición de Austral, se había sustituido por *mancerina,* que significa: «Plato con una abrazadera circular en el centro, donde se coloca y sujeta la jícara en que se sirve el chocolate» *(DRAE).* Evidentemente, de una mancerina se trata en este pasaje de *Águila de Blasón* (I, 2.ª), pero respetamos la forma de *marcelina,* porque no es una errata o gazapo, sino el modo como escribe Valle-Inclán esta palabra. En efecto, así aparece en tres ocasiones: en la edición de 1907, en el folletín de *Nueva España* (17 de septiembre de 1906) y en el fragmento titulado «Gavilán de espada» *(Por esos Mundos,* núm. 140, septiembre 1906, pág. 196). ¿Era una variante regional, conocida por Valle? En todo caso, la lengua de los grandes escritores crea jurisprudencia.

marela: (Galleg.) «Se dice, especialmente, de la vaca de pelaje amarillento y de la gallina cuyo plumaje es de este mismo color» *(Dicc. Norm. Gal.-Cast.).* En el texto aparece una vez con mayúscula, indicando que ese rasgo físico se ha convertido en nombre. En la edición de 1907, el autor escribió *cobriza.*

Mayorazgo: Véase *Vinculero.*

migueleñas: (Galleg.) De migueliño, -ña: «Variedad de higos y ciruelas que maduran por San Miguel, en el mes de septiembre» *(Dicc. Norm. Gal.-Cast.)*. En cuanto a la especie de ciruela llamada *de fraile,* ésta es «de figura oblonga, más o menos puntiaguda, de color comúnmente verde amarillento, con la carne adherida al hueso y menos dulce que las demás» *(DRAE).*

moscovia, sillón de: *Moscovia* o *vaqueta* es el cuero de ternera curtido y adobado. La Enciclopedia Espasa sitúa en Cuba el uso del primero de estos dos nombres, que el *Diccionario* de la Academia no recoge.

nacencia: Nacimiento. Parece galleguismo. En castellano, ant. y vulg.

navega en bolina: Significa «navegar de modo que la dirección de la quilla forme con la del viento el ángulo menor posible» *(DRAE).*

ochavo moruno de los que tienen...: Véase *Salomón, círculo del rey.*

onda: Se trata, pues, del cartón del dibujo del futuro encaje.

onza: Don Farruquiño y Cara de Plata hablan con toda naturalidad de esta moneda. Es uno de los arcaísmos más notables del texto. Leemos en el *Diccionario* de la Academia que la onza de oro —nombre que tomaba de su peso— fue una moneda con valor de 320 reales, que se acuñó desde el reinado de Felipe III hasta el de Fernando VII.

Orden Tercera: «Agrupación de seglares que, dependiendo de las *órdenes* mendicantes (franciscanos, dominicos, carmelitas, etc.), se guían para su perfección espiritual, en cierta extensión, por la regla de la *orden* correspondiente» *(DRAE).*

paja centena: De centeno.

pañuelo de yerbas: El pañuelo de hierbas es «el de tela basta, tamaño algo mayor que el ordinario y con dibujos estampados en colores comúnmente oscuros» *(DRAE).*

pardales: Pardal: gorrión *(Dicc. Norm. Gal.-Cast.).*

parletano: De parleta, parlotear.
patriano: Véase *gorro catalán.*
... pensando en las almas del otro mundo...: Dice la Roja: «Yo, alguna vez, pensando en las almas del otro mundo he sentido un aliento frío en la cara». Y agrega Sabelita: «Yo también... Y otras veces, sentí que una puerta se abría detrás de mí, y que una sombra se inclinaba sobre mis hombros» (III, 1.ª). Aparte de ayudar a la creación de determinado ambiente, estas intervenciones no son importantes para el desarrollo de la acción dramática; pero lo son por sí mismas, como muestra de la trascendencia del mundo de los muertos en la Galicia tradicional. Con buen criterio, Speratti-Piñero (1974) se fija en este pasaje, citándolo entre los ejemplos del miedo a las ánimas, de la creencia en ellas (págs. 35 y sigs.). En el mismo sentido, véase *Santa Compaña.*
pipa que avillan esta tarde: *Pipa:* en su 3.ª acepción, «tonel o candiota que sirve para transportar o guardar vino u otros licores» *(DRAE). Abillar:* «poner un grifo o billa a un recipiente para extraer de su interior el líquido, habitualmente vino, que contiene» *(Dicc. Norm. Gal.-Cast.).*
ponerle los huesos en un haz: Suena a modismo, pero no lo encuentro como tal ni en gallego ni en castellano. El sentido parece claro: aplastarla.

queda (ya sonó la queda en la campana de la Colegiata): Queda: «Hora de la noche, señalada en algunos pueblos para que todos se recojan, lo cual se avisa con la campana» *(DRAE).*
Quinto, Juan: Es conocido el interés de Valle-Inclán por el bandolerismo, especialmente el gallego y el andaluz. Con respecto al gallego, dos bandoleros famosos destacan en ese interés suyo: el coetáneo Manuel Casanova (del que escribió un artículo: «Un retrato», *El Liberal,* 7 de febrero de 1903) y el casi legendario Xan Quinto (sobre el que escribió un espléndido cuento, recogido en *Jardín Umbrío).* Consúltese sobre el tema en general: José Antonio Durán,

Crónicas I, Agitadores, poetas, caciques, bandoleros y reformadores en Galicia, Madrid, Akal, 1974.

raposo: Zorro.
repenicar: (Galleg.) «Repicar, repiquetear, tocar las campanas. Adornar, poner bonita una cosa. Mordisquear». *(Dicc. Norm. Gal.-Cast.).*
rezonguea: Rezonga. Ruiz Fernández (1981) incluye esta acción de Don Galán (IV, 8.ª) como ejemplo de neologismo formal.
rijoso: «2. Inquieto y alborotado a vista de la hembra. *Caballo* rijoso. 3. Lujurioso, sensual» *(DRAE).*
Roja, Micaela la: Este entrañable personaje de *Águila de Blasón* y de *Romance de Lobos* aparece también en *Los Cruzados de la Causa* (primera parte de la trilogía *La Guerra Carlista):* El sobrenombre por el que la conocemos debe leerse en gallego: *roxa,* es decir, rubia o pelirroja.
rosmar: (Galleg.) «Refunfuñar, hablar por lo bajo con enojo o desgrado [...]. Rezongar [...]. Gruñir amenazadoramente el perro cuando va a atacar o se le molesta... Maullar» *(Dicc. Norm. Gal.-Cast.).*
rumbo: No encuentro, ni en gallego ni en castellano, la expresión tener *un rumbo dentro,* aunque su sentido, en las palabras del Borracho (III, 5.ª), resulta evidente.

sacarle los untos: Véase *untos.*
Salomón, círculo del rey: Valle-Inclán acude con frecuencia a este símbolo. En el cuento «Beatriz» (del libro *Jardín Umbrío),* la Saludadora de Céltigos lo señala con un dedo tembloroso sobre un espejo empañado. En *Flor de Santidad,* la ventera ordena a la protagonista que lo haga —con la mano izquierda— sobre la testa de una oveja enferma de mal de ojo. En *Los Cruzados de la Causa,* Micaela la Roja lo traza en el suelo para gritar después un ensalmo. El círculo de una moneda —o tal vez, simplemente, su forma circular— puede ser identificado, sin más, con ese círculo mágico

(Águila de Blasón, III, 6.ª). Rita Posse (1966), refiriéndose a los ritos para encontrar tesoros con el *Gran Libro de San Cipriano* (el *Ciprianillo),* escribe: «En Peneda da Fonda (Pontevedra) se hace el círculo del rey Salomón, se meten dentro de él, lee el cura el libro mientras otros alumbran con el cirio bendito» (pág. 513).

salsero: (Galleg.) De *salseiro:* «Espuma que produce el mar al batir contra las rocas o cuando está picado» *(Dicc. Norm. Gal.-Cast.).*

saludadora: El sustantivo *saludador* encuentra en el *Diccionario* de la Academia una definición despectiva: «Embaucador que se dedica a curar o precaver la rabia u otros males, con el aliento, la saliva y ciertas deprecaciones y fórmulas». Debe entenderse el término, sin más, como sinónimo de *curandero* y aun de brujo... Sin olvidar los rasgos —con frecuencia, muy positivos— que ha tenido la presencia de saludadoras y saludadores en la Galicia rural. En *Águila de Blasón,* hay ejemplos de todo: la bondadosa curandera que atiende a Liberata (II, 5.ª), la que aconsejó a la Preñada sobre cómo deshacer el hechizo, y la muy terrible Saludadora de Céltigos (V, 1.ª). A esta última, en el cuento «Beatriz» (del *Jardín Umbrío)* se la describe: «Era vieja, muy vieja, con el rostro desgastado como las monedas antiguas, y los ojos verdes, del verde maléfico que tienen las fuentes abandonadas, donde se reúnen los brujos».

San Clemente de Brandeso: Con mucha frecuencia se halla este topónimo en Valle-Inclán (a veces, sólo San Clemente), y no parece posible identificarlo con un lugar concreto (cfr. Smither, 1986, pág. 111). Véase *Brandeso.*

San Payo: Además de la letrilla popular que menciona el Puente de San Payo, hay una alusión a las «benditas monjas de San Payo». Smither (1986) explica el diferente significado de ambas referencias. El Puente de San Payo o Sampayo, «pasa el río Verdugo cerca de su desembocadura en la Ría de Vigo», mientras que en el otro caso se trata del convento de monjas benedictinas de Santiago (págs. 114-115).

Santa Compaña: En el riquísimo folclor de Galicia, este nombre evoca una de sus creencias más bellas y misteriosas. La Santa Compaña es una procesión de almas en pena, que caminan de noche, con velas encendidas (éstas son, en realidad, huesos de difunto, y nadie puede apagar su luz). Lo que cuenta Pichona de un primo carnal de su madre (IV, 5.ª) ha sido, hasta hace poco, moneda corriente en la superstición popular de las aldeas gallegas. En *Romance de Lobos,* Valle-Inclán irá más lejos, sacando a escena la Santa Compaña, en una de las páginas más brillantes de su teatro.

Santa María de Meis: Meis es un pueblo de la provincia de Pontevedra. El nombre aparece en varias ficciones valleinclanianas.

Santos esculpidos en el pórtico: Véase *esclavina adornada con conchas.*

sarillo: Devanadera.

sedán: (Galleg.) «Paño fino de seda» *(Dicc. Norm. Gal.-Cast.).*

sebo: «Grasa sólida y dura que se saca de los animales herbívoros, y que, derretida, sirve para hacer velas, jabones y otras cosas» *(DRAE).*

sisiones: Ruiz Fernández (1981) cita *sisiones,* con la frase del Molinero en *Águila de Blasón* (II, 3.ª), como ejemplo de arcaísmo léxico. Pero no encuentro *sisión,* como él registra en su índice, ni en el *Diccionario* de la Academia, ni en el de Covarrubias, ni en el de Autoridades. Tampoco consigo reconocer la palabra como galleguismo. En todo caso, su significación es clara por el contexto de la obra. En II, 4.ª, Liberata alude a la misma enfermedad llamándola «dolor de ijada». Véase *ijada.*

sombrero castoreño: «El fabricado con el pelo de castor u otra materia parecida, como el fieltro» *(DRAE).*

sopistas: En su 2.ª acepción, «estudiante que seguía su carrera literaria sin otros recursos que los de la caridad» *(DRAE).*

tejavana: «Edificio techado a teja vana, cobertizo, tinglado» *(DRAE)*. El sentido de la frase (IV, 5.ª) es que el humo sale por los resquicios del tejado, al carecer de chimenea; algo que era frecuente en las casas aldeanas de la antigua Galicia rural.

terreña: «Terroso, de la naturaleza o color de la tierra. Pequeño, bajo. *Terreiro» (Dicc. Norm. Gal.-Cast.)*.

testero: Es el «trashoguero de la chimenea». Y trashoguero es, en su 2.ª acepción, «losa o plancha que está detrás del hogar o en la pared de la chimenea, para su resguardo»; y en la 3.ª, «leño grueso o tronco seco que en algunas partes se pone arrimado a la pared en el hogar, para conservar la lumbre» *(DRAE)*.

untos: Unto es la grasa interior del cuerpo del animal, particularmente del cerdo. En cuanto a la frase: «sacarle los untos para venderlos» (III, 6.ª), Lavaud (1992) ha recordado el cuento «Un destripador de antaño», de Emilia Pardo Bazán, en el que «una joven es salvajemente asesinada porque se creía que la grasa de muchacha virgen entraba en determinados números de remedios y que el boticario la pagaba a buen precio» (pág. 393). En V, 3.ª, Don Galán utiliza la palabra en el sentido corriente.

Valiera, Señorita de la: Mademoiselle de La Vallière, amante de Luis XIV. A finales del siglo XIX y comienzos del XX, debió de estar de moda en algunos sectores esta historia de amor: se publican *Le Cabinet secret de l'Histoire. Accouchements de Mlle. de La Vallière,* firmado por Docteur Cabanès (París, Albin Michel, 1905); *La Vallière et la jeunesse de Louis XIV,* de Lair (París, Plon, 1906), además de los folletines de la época, como esta serie ilustrada que refleja Valle-Inclán. Provcniente de una familia burguesa de Tours, Louise de La Vallière fue presentada en la Corte en 1661, a los diecisiete años. Muy pronto se convirtió en la amante del rey, y esta relación amorosa —de la que nacieron varios hijos— duró seis años. Durante algún tiempo, el rey también mantuvo relaciones con la marquesa de Montespan. En 1674, Louise de La Vallière entró en el Convento de las Carmelitas, donde murió en 1710.

velaciones: *Abrirse las velaciones:* fr. Comenzar el tiempo en que la Iglesia permite que se velen los desposados. La *velación* consistía en cubrir con un velo a los cónyuges en la misa nupcial *(DRAE).*

Vexo Cangas, vexo Vigo...: Como en *Cara de Plata* y en *Romance de Lobos,* el autor incorpora una letrilla popular, directamente en gallego. Traduzco respetando que *puentes* es femenino en dicha lengua: «¡Veo Cangas, veo Vigo / también veo Redondela... / ¡Veo la Puente de San Payo / camino de mi tierra!». Véase *San Payo.*

Viana del Prior: Dentro de la toponimia inventada por Valle-Inclán no cabe duda de que Viana del Prior tiene una importancia enorme. Viene a ser un símbolo de la ciudad gallega. En cuanto a los modelos de la realidad, Smither (1986) distingue varios períodos. El modelo seguido en *Águila de Blasón* y en *Romance de Lobos* corresponde a Puebla del Deán/Caramiñal (págs. 119-122).

vieja vestida de harapos: En II, 4.ª, podemos leer en la acotación inicial: «[...] en lo alto de la higuera abre los brazos el espantajo grotesco de una vieja vestida de harapos, con la rueca en la cintura, y en la diestra, a guisa de huso, el cuerno de una cabra». El lector desprevenido no debe buscar ninguna interpretación especial. Se describe, simplemente, un espantapájaros.

Vinculero: Valle-Inclán utiliza indistintamente este término o el de Mayorazgo. Recuerda a este propósito María del Carmen Porrúa (1983) que el mayorazgo era «una institución vincular, de bienes sujetos a perpetuo dominio de una familia con prohibición de enajenar», y pasa a comentar después la repugnancia que experimentaba Jovellanos frente a una institución tan arcaica (págs. 64 y sigs.).

Visoja, la: Véase *bisojo, -a.*

yelmo de Mambrino: Alusión, meramente circunstancial, a la bacía de barbero que Don Quijote confundió con el famoso yelmo del rey moro Mambrino *(Quijote,* I, cap. 21).

zalagarda: En su 5.ª acepción, «alegría bulliciosa» *(DRAE).*